기독교문서선교회(Christian Literature Center: 약칭 CLC)는 1941년 영국 콜체스터에서 켄 아담스에 의해 시작되었으며 국제 본부는 미국 필라델피아에 있습니다. 국제 CLC는 59개 나라에서 180개의 본부를 두고, 약 650여 명의 선교사들이 이동도서차량 40대를 이용하여 문서 보급에 힘쓰고 있으며 이메일 주문을 통해 130여 국으로 책을 공급하고 있습니다. 한국 CLC는 청교도적 복음주의 신학과 신앙서적을 출판하는 문서선교기관으로서, 한 영혼이라도 구원되길 소망하면서 주님이 오시는 그날까지 최선을 다할 것입니다.

# 추천사 1

**김종성** 목사
부산침례교회 담임

한국교회 성도들에게 『하나님 대답을 듣고 싶어요』를 추천한다. 그리고 세상에 저자 박명수 목사를 추천한다.

박 목사는 내가 섬기는 부산침례교회에서 6년간 청소년 사역을 하였다. 그는 청소년들을 주님의 제자로 키우기 위해 6년간 땀을 흘렸고, 6년간 울었다. 함께 먹고, 함께 잤다. 말 그대로 동고동락하며 삶으로 그들을 가르쳤다. 그 결과 청소년들이 신앙 안에서 잘 자라 세상 가운데서 빛 된 삶을 살아내려고 애쓰고 있다.

저자는 태도가 좋은 목회자이다. 나는 잘 키워주지 않았는데 자신은 잘 배웠다고 한다. 나는 미안함이 많은데 자신은 고맙다고 한다. 나는 잘 배려해 주지 못했는데 자신은 많은 배려를 받았다고 한다. 태도가 인생을 결정한다.

무엇보다 그는 몸부림치는 목회자다. 누구보다 자신의 성숙을 위해, 자신의 성장을 위해 몸부림친다. 목회자의 성장이 성도들의 성장이라고 믿는 목회자다. 그래서 몸부림을 치는 목회자다. 『하나님 대답을 듣고 싶어요』는 그 몸부림의 결과다.

하박국 선지자는 무너져 가는 유다를 보면서 하나님의 대답을 듣고 싶어한다. 그래서 들었다. 그리고 '답이 없다'라고 말하는 세상에 하나님의 대답을 들려준다. 이 책은 그 대답을 우리에게 들려준다. 하나님이 침묵하시는 이유와 뜻을 알려준다. 하나님의 대답을 어떻게 듣는지 알려준다. 하나님이 무엇이라 대답하셨는지 알려준다. 그 대답을 알고 있는 성도가 어떻게 살아야 하는지 알려준다. 대답하시는 하나님을 알려준다. 하나님의 대답을 알려준다.

진주는 조개의 아픔이다. 조개가 오래도록 아픔을 품고 만들어 낸 보석이다. 저자는 하나님이 품고 계신 진주다. 이 시대를 아파하시며 품고 준비시킨 하나님의 보석이다. 이 책은 저자가 말씀을 품고 고뇌하며 만들어낸 보석이다. 이 책을 통해 그 보석이 세상에 드러나게 되길 기대한다. 여러분에게 보석 같은 저자를 소개한다. 보석 같은 책을 추천한다.

# 추천사 2

**차준희** 박사
한세대학교 구약학 교수, 한국구약학연구소 소장

저자는 침례교 목사이다. 저자가 부산침례교회에서 부교역자로 사역할 때 내가 그곳에서 몇 차례 말씀사경회 초청을 받아 인도하면서 처음 만나게 되었다. 저자는 경상도 억양에 아주 세련된 모습이 아니지만 남다른 총기가 느껴지는 눈과 인상을 가진 자였다.

저자는 구약성경에 대한 갈증과 허기를 느끼고 있던 차에 구약의 오아시스를 찾아서, 교회를 사임하고 추천자가 있는 한세대학교 대학원 구약학 석사과정에 입학하였다. 이를 위해 저자는 부산의 교회를 사임하고, 부부가 아예 학교 근처인 군포로 이사하였다. 2년간 유학을 왔다고 생각하고, 사역도 내려놓고 오직 구약학 연구에만 매진하겠다는 결의가 주변인들에게 도전이 되었다. 그러던 중 동대문구 사랑의교회 담임목사로 초빙되어 잠시 학업을 내려놓고 지금은 목회에만 전념하고 있다.

제자의 저서를 추천한다는 일은 매우 기쁘고 아주 보람된 일이다. 이 책은 하박국서를 12회로 나누어 설교한 것이다. 설교의 특성상 하박국서 구절 하나하나를 주석적으로 깊이 있게 풀이하는 것은 지양하고, 본문의 내용을 설교 형식으로 풀어내고 있다. 그러나 구약학 전공자답게 본문의 깊은 내용을 정확하게 인식하고, 그 기반 위에 목회자로서 청중과 대화하고 있다.

특히 예언서 설교는 당시의 청중에게 전하고 싶은 예언자의 의도를 핵심적으로 전해야 한다. 저자는 본문의 원 의도를 직접적으로 설명하는 것은 피하고, 그 의도를 오늘의 감각과 언어로 참신하게 풀어내고 있다. 마치 기원전 7세기 하박국 예언자가 21세기 한국교회에 초대되어 우리말과 정서로 조곤조곤하게 이야기하는 것 같다. 설교 제목과 소제목 그리고 내용도 젊음의 언어와 신선한 발상으로 가득 차 있다. 문자로 된 설교를 읽으면서, 말로 된 오리지널 설교를 눈과 귀로서 듣고 싶은 강렬한 충동을 갖게 된다. 기존의 하박국서 설교에서 들어보지 못한 기발한 반전의 메시지가 가득한 세계로 귀 있는 독자들을 당당하게 초청한다.

## 추천사 3

**이언구** 목사
용문교회 담임, 『그리스도인은 소프트아이스크림을 먹는다』 저자

박명수 목사는 젊다. 젊다는 것만으로도 내일의 희망이다. 박명수 목사는 내일의 희망을 오늘의 삶으로 증명해 내고 있다. 설교 하나에 집중하는 그의 오늘의 삶은 내일의 희망이요 그의 내일은 오늘이다.

현대사회는 다초점 사회다. C.S 루이스의 말처럼 아침에 눈을 뜨면 한꺼번에 수많은 생각이 밀려온다. 나를 주목해 달라고 울부짖는 수천 마리의 야생동물처럼 나를 유혹하는 것들로 우글거린다. 보암직도 하고 탐스럽기도 한 것들로 포장되어 나를 흔들어 놓는다. 그래서 다초점 렌즈를 쓰는 연령대가 젊어졌다. 시선과 삶이 산만하다. 노화가 빨리 진행되고 있다는 증거다.

박명수 목사는 다초점 렌즈를 쓰지 않는다. 영적으로 푸르다. 아침에 눈을 뜨면 기도하고 말씀 묵상하고 하루 종일 공부한다. 이것 하나에만 꽂혀 산다. 『하나님 대답을 듣고 싶어요』에는 그의 삶이 오롯이 담겨있다. 독자들은 오늘 이 책에서 내일의 희망을 발견하게 될 것이다. 다초점 렌즈를 벗고 하나에 집중하여 치열하게 사는 설교자를 만나게 될 것이다. 행복과 도전, 그리고 희망을 주는 이 책을 적극 추천한다.

# 추천사 4

**김도인** 목사
아트설교연구원 대표, 『설교는 글쓰기다』 저자

하루를 '기껏' 사는 사람이 있고, '힘껏' 사는 사람이 있다.
박명수 목사를 처음 만났을 때 그는 평범하게 '기껏' 사는 사람이었다. 그러나 지금은 '힘껏'을 지나 놀랄 만하게 살아가고 있다. 여전한 삶을 역전된 삶으로 바꾸었다. '미래'라는 말은 누구나 할 수 있다. 그러나 다른 사람으로부터 '미래가 밝다'라는 말은 쉽게 듣기 힘들다. 박명수 목사는 '미래가 밝다'라는 말을 듣기에 충분한 목사다. 성장하는 삶을 살기 때문이다. 그는 '미래가 밝은 설교자'를 지나 '차세대 설교자'로 주목받게 될 것이다.
박명수 목사의 설교에는 두 가지 특징이 있다.
첫째, 사람의 마음을 한순간 멈추게 한다. 말씀을 통해 자신의 모습이 보이기 때문이다.
둘째, 말씀의 능력을 경험하게 한다. 뻔한 생각에 화살같이 날아와 의표를 찔러댄다. 그래서 교인들의 마음 깊은 곳에서 변화가 일어난다. 하나님을 만나게 된다.
박명수 목사는 지금 아주 젊다. 앞으로 10년 후를 기대하게 한다. 미술작품이 한순간에 고가로 팔릴 때가 있다. 대학생 때 눈여겨보던 화가의 작품이 그가 성숙해지면 값이 확 뛰기 때문이다. 그의 설교는 한순간에 값이 확 뛰는 화가처럼 10년 후 어떤 모습으로 우리나라 강단을 채울지 기대하며 지켜보게 하는 설교이다.

**하나님 대답을 듣고 싶어요**

God, I want to listen to your answer
Written by Park, Myung Su
All rights reserved.
Korean Edition Copyright ⓒ 2019 by Christian Literature Center, Seoul, Korea

## 하나님 대답을 듣고 싶어요

2019년 2월 23일 초판 발행

| 지은이 | 박명수 |

| 편집 | 정재원 |
| 디자인 | 신봉규 |
| 펴낸곳 | (사)기독교문서선교회 |
| 등록 | 제16-25호(1980.1.18) |
| 주소 | 서울특별시 서초구 방배로 68 |
| 전화 | 02-586-8761~3(본사) 031-942-8761(영업부) |
| 팩스 | 02-523-0131(본사) 031-942-8763(영업부) |
| 이메일 | clckor@gmail.com |
| 홈페이지 | www.clcbook.com |
| 송금계좌 | 기업은행 073-000308-04-020 (사)기독교문서선교회 |

ISBN 978-89-341-1934-0 (04230)
ISBN 978-89-341-1825-1 (세트)

이 도서의 국립중앙도서관 출판예정도서목록(CIP)은 서지정보유통지원시스템 홈페이지 (http://seoji.nl.go.kr)와 국가자료공동목록시스템(http://www.nl.go.kr/kolisnet)에서 이용하실 수 있습니다. (CIP제어번호: CIP2019002623)

이 책의 저작권은 저자와 (사)기독교문서선교회가 소유합니다. 신저작권법에 의하여 한국 내에서 보호받는 저작물이므로 무단 전재와 무단 복제를 금합니다.

아트설교 시리즈 **7**

# 하나님 대답을 듣고 싶어요

"말씀이 답이다"

박명수 지음

CLC

# 목 차

◆ 추천사

**김 종 성** 목사 (부산침례교회 담임)
**차 준 희** 박사 (한세대학교 구약학 교수, 한국구약학연구소 소장)
**이 언 구** 목사 (용문교회 담임)
**김 도 인** 목사 (아트설교연구원 대표, 『설교는 글쓰기다』 저자)

◆ 감사의 글　　　　　　　　　　　　　　　　10
◆ 프롤로그　　　　　　　　　　　　　　　　12

## 제1부 하나님은 대답하신다

1. 불편함이 축복이다　　　　　　　　　　　23
2. 질문만 잘해도 길이 열린다　　　　　　　　41
3. 기도 능력 평가는 듣기 평가다　　　　　　57
4. 믿음은 하나님의 큰 그림을 믿는 것이다　　71
5. 믿음의 별은 고난의 밤에 빛난다　　　　　89
6. 하나님 대답을 듣고 싶어요　　　　　　　109

## 제2부 하나님 대답으로 산다

| | |
|---|---|
| 7. 성도는 생명력으로 산다 | 129 |
| 8. 엎드리는 사람은 넘어질 일이 없다 | 149 |
| 9. 하나님과 비교할 수 있는 것은 없다 | 171 |
| 10. 거절이 실력이다 | 191 |
| 11. 일승하는 삶에서 연승하는 삶으로 | 209 |
| 12. 말씀이 넘쳐야 기쁨이 넘친다 | 225 |

## 감사의 글

　이 책을 낼 수 있도록 허락하신 하나님께 모든 영광을 돌리며 감사드립니다. 모든 것이 하나님의 은혜입니다. 부족한 글을 보시고 기꺼이 출판을 허락해 주신 기독교문서선교회(CLC) 대표 박영호 목사님과 투박한 원고를 세밀하게 편집해 주신 정재원 목사님과 출판사 관계자분들에게 감사드립니다.
　제가 여기까지 올 수 있었던 것은 많은 멘토 목사님들의 지도 덕분입니다. 사춘기 때 하나님을 만날 수 있도록 하나님을 가르쳐 주신 도현웅 목사님과 성경을 바르게 해석할 수 있게 지도해 주신 곽면근 목사님께 감사드립니다. 목회자가 어떻게 살아야 하는지 삶으로 본을 보여주신 이상현 목사님, 목회가 무엇인지 방향을 알려주신 김종성 목사님, 신학의 틀을 세워주신 차준희

교수님께 감사드립니다.

  이렇게 설교가 책으로 나올 수 있도록 설교가 무엇인지 눈을 뜨게 해주셨고, 끊임없이 도전해주시고 지도해 주신 아트설교연구원 대표 김도인 목사님께 감사드립니다. 또한 함께 설교를 배우며 익히고 있는 모든 아트설교연구원 목사님들과 『하나님 대답을 듣고 싶어요』라는 제목을 제안해 주신 이언구 목사님께 감사드립니다.

  부족한 아들을 위해 늘 기도하시는 부모님과 장모님께도 감사드립니다. 늘 응원해 주시는 누님 가정과 처남들에게도 감사를 표합니다. 부족한 목사를 사랑해 주시고 늘 기도해 주시며, 삶으로 말씀을 살아가는 사랑의교회 모든 성도들에게 감사드립니다. 끝으로 하나님이 주신 가장 큰 선물이자 가장 가까운 친구로 늘 곁에서 도와주는 아내 임봉연에게 감사드립니다.

2019년 1월
동대문구 사랑의교회에서

프롤로그

## "답을 가지고 답답한 삶을 뚫어라"

이제 우리나라도 저성장 사회가 되었다. 삶에서 눈에 띄는 변화를 기대하기 힘들어졌다는 말이다. 2019년도 여전히 어렵다고 말한다. 일상이 답답함의 연속이다.

믿음의 사람들도 답답한 삶을 살았다. 야곱과 요셉을 비롯해서 다윗도, 하박국도 답답한 현실을 지나야 했다. 그러나 그들은 답답한 상황을 '하나님이 주시는 답'으로 뚫고 나왔다. 지금 우리에게 필요한 것은 답답함을 뚫어낼 수 있는 '하나님의 대답'이다.

하나님의 대답을 듣기 위해 필요한 것은 두 가지다.

이유에 집중하지 마라

**첫째**, 답에 집중하는 것이다. 답답한 상황은 답에 집중해야 뚫린다. 사람들은 답답한 상황을 만나면 이유에 집중한다.

'왜 이런 문제가 생겼지?'

'왜 쉽게 해결되지 않지?'

그러나 예수님은 이유에 집중하지 않으셨다. 사마리아 여인을 만난 예수님은 "영원히 목마르지 않는 물을 주겠다"라고 말씀하셨다. 그녀의 삶에 이유를 묻지 않고, 그냥 답을 주셨다.

왜 이유도 묻지 않고 답을 주셨을까?

미래를 주시기 위해서다. 언제부터 그런 삶을 살았는지 물으면 과거에 빠진다. 남편이 다섯이나 있는 이유를 물으면 사람에 대한 원망이 시작된다. 그러나 이유를 묻지 않고 답만 주면 미래가 생긴다. 원망 대신 소망이 생긴다. 우리가 하나님께 이유를 물으면 하나님은 침묵하신다. 하나님의 생각은 과거 대신 미래를 주시려는 것이기 때문이다. 우리 마음에 원망이 아닌 소망을 채워 주시려는 것이 하나님의 마음이기 때문이다.

2015년 대한민국 베스트셀러 중에 『미움 받을 용기』라는 책이 있다. '아들러 심리학'을 대화 형식으로 담아낸 책이다. 아들러 심리학은 답에 집중하는 심리학이다.

그 동안 한국 사람 마음속에는 아들러 심리학이 아닌 '프로이

드 심리학'이 있었다. 프로이드 심리학은 이유를 묻는 심리학이다. 모든 행동을 과거의 상처에서 찾는다. 내가 하는 행동 하나하나가 이유가 있다는 말이다. 과거의 상처를 통해 내가 이렇게 살 수밖에 없는 이유에 집중한다. 그러니 원망이 생긴다. 이유를 물으니 부모님만 미워지고, 환경이 원망스러워진다. 과거에만 붙들려 살게 된다.

아들러의 심리학은 이유를 찾기보다 답을 찾는다. 어떤 과거가 있던지 새로운 답을 찾을 수 있다고 말한다. 그래서 베스트셀러가 되었다. 이유를 벗어나니 가슴이 뻥 뚫렸다. 이유에 집중하면 답답함이 해결되지 않는다. 답에 집중해야 답이 보인다.

> 그러나 이는 그들의 율법에 기록된 바 그들이 이유 없이 나를 미워하였다 한 말을 응하게 하려 함이라(요 15:25).

예수님은 이유 없는 미움을 인정했다. 이유를 붙들고 바리새인들과 씨름하지 않았다. '왜 나를 괴롭히는지, 왜 병에 걸렸는지, 왜 실직과 갈등이 있는지' 등의 이유와 씨름하면 무조건 패배한다. 이유와 씨름하게 만드는 것은 사탄의 전략이다. 사탄은 이유만 찾는다.

욥은 하나님을 잘 섬겼다. 그때 사탄이 하는 말이 무엇인가?

"이유가 있을 것이다."

욥이 어려움 당할 때는 욥의 아내를 통해 사탄이 말한다.

"하나님을 저주하고 죽으라."

무슨 말인가?

지금 그럴 이유가 충분하다는 말이다.

이유에 끌려다니면 하나님의 뜻을 보지 못한다. 그래서 하나님은 이유에는 침묵하신다. 욥은 끝까지 자신이 고난당한 이유를 모른다. 욥기의 결말은 이유를 알려주는 것이 아니라 그냥 회복되는 것이다. 하나님은 이유를 묻는 질문에는 침묵하시고, 대신 삶을 회복시켜 주신다.

이유는 원망을 만든다. 답은 소망을 준다. 하나님은 이유를 알려주시는 대신 새로운 답으로 어려움을 돌파하게 만드신다.

### 답을 찾으면 답을 주신다

답답한 삶이 찾아오면 이유를 찾지 말고 답을 찾으라. 이유를 찾으면 여기저기 두리번거리게 된다. 사람들에게 집중하게 된다. 답을 찾기 위해서는 한 곳만 보게 된다. 하나님만 본다. 그때부터 삶이 단순해진다.

요셉은 애굽에 팔려간 후에 '이유 찾기'는 포기했다. 대신 '답 찾기'를 했다. '내가 왜 여기 까지 왔지?'라고 질문하지 않고,

'내가 여기서 무엇을 해야 하지?'라고 질문했다. '형들이 왜 나를 팔았지?'라고 이유를 묻기 전에, '하나님은 나에게 무엇을 원하시지?'를 물었다. 그래서 삶이 단순해졌다. 많은 것을 보지 않았다. 오늘 하루만 최선을 다했다. 보디발의 집에서도, 감옥에서도, 단순하게 하나님만 보며 하루에 집중했다.

단순함이 답답함을 뚫는다. 많은 이유를 생각하지 말고, 하나님께 순종할 한 가지만 집중하라. 오늘 주시는 답 하나만 집중하고 그 답만 붙들고 걸어라. 단순한 순종이 답답한 인생을 돌파하게 만든다.

하박국의 시대는 답이 보이지 않는 시대였다. 답답한 오늘날과 너무나 닮은 시대다. 그때 하박국은 대답을 듣기 위해 하나님 앞에 섰다. 하나님의 대답에만 집중했다. 그리고 답을 찾았다.

## 기다림에 힘 빼지 마라

**둘째**, 답에 집중할 때 필요한 것은 여유다. 이유를 묻지 않고 답을 붙들고 있어도 여전히 답답할 때가 많다. 답답함이 한 번에 뚫리지 않는다. 하나님의 대답을 한 번에 다 이해하는 것도 아니다. 그래서 하나님 대답을 듣기 위해 제일 필요한 것이 여유다.

운전 초보일 때는 신호를 기다릴 때마다 신호등과 눈싸움을 했다. 신호가 언제 바뀌는지 신호등만 쳐다보면서, 옆 사람과 대화도 못했다. 말을 걸면 괜히 날카롭게 대답한다. 여유가 없기 때문이다. 그렇게 아무리 째려봐도 신호등은 빨리 바뀌지 않는다.

그때 내 앞에서 신호를 기다리던 택시에서 기적을 보았다. 신호를 기다리던 택시 기사가 차에서 내렸다. 그러더니, 앞 유리도 닦고, 스트레칭도 하고, 어슬렁어슬렁 움직이다 다시 차에 탔다. 그리고 신호가 바뀐 뒤에 출발했다. 신호등만 째려보는 나에게 택시 기사의 행동은 상상조차 못할 기적이다. 고수는 기다림에 힘 빼지 않는다. 여유를 가지고 기다린다. 힘주며 기다린다고 달라지는 것은 없다. 힘만 빠질 뿐이다. 주위 사람 사람에게 날카로워질 뿐이다.

다니엘은 문제 속에서도 여유를 잃어버리지 않았다. '왕이 아닌 다른 사람이나 신에게 기도하면 사자 굴에 넣겠다'는 법을 알고도 흔들리지 않았다.

> 다니엘이 이 조서에 왕의 도장이 찍힌 것을 알고도 자기 집에 돌아가서는 윗방에 올라가 예루살렘으로 향한 창문을 열고 전에 하던 대로 하루 세 번씩 무릎을 꿇고 기도하며 그의 하나님께 감사하였더라(단 6:10).

여전히 하나님께 세 번 기도했다. 그것도 윗방에 올라가서 창문을 열었다.

다니엘의 당당함이 보이는가? 전에 하던 대로 세 번 다 기도했다. 당황하는 모습은 어디에도 찾아 볼 수가 없다. 더욱이 그의 기도는 '감사'였다. 믿음의 고수만이 가지는 여유다.

예배는 여유다. 문제와 눈씨름 하지 않고 하나님을 보는 것이기 때문이다. 하나님만 보는 것이 여유다. 여유가 없는 사람은 말씀에도 집중하지 못한다. 예배를 통해서도 하나님의 대답을 듣지 못한다.

### 시간의 여유부터 만들라

답답함에 마음이 흔들리지 않게 해주는 것이 여유다. 마음의 여유가 생기지 않으면 시간의 여유부터 만들어라. 하나님께 기도하는 여유 시간, 예배하는 여유 시간이다. 기도의 여유 시간을 충분히 만들지 못하면, 답답해서 그냥 자리를 떠난다. 여유로운 마음은 여유로운 시간에서 나온다.

마이크로소프트의 빌 게이츠 회장은 일 년에 두 번 '생각주간'이란 시간을 갖는다. 그 시간은 철저히 고립되어 아무것도 하지 않는다. 여유를 찾기 위해 여유 시간을 만드는 것이다. 여유 시간이 있어야 여유가 생긴다.

그때 우리도 하박국과 함께 찬양할 수 있게 된다.

> 나무가 무성하지 못하며 포도나무에 열매가 없으며 감람나무에 소출이 없으며 밭에 먹을 것이 없으며 우리에 양이 없으며 외양간에 소가 없을지라도 나는 여호와로 말미암아 즐거워하며 나의 구원의 하나님으로 말미암아 기뻐하리로다(합 3:17-18).

하박국은 이 찬양이 나오기 전에 하나님 앞에 여유 시간을 가졌다.

> 내가 내 파수하는 곳에 서며 성루에 서리라 그가 내게 무엇이라 말씀하실는지 기다리고 바라보며 나의 질문에 대하여 어떻게 대답하실는지 보리라 하였더니(합 2:1).

하나님의 대답을 듣고 싶다면 여유로운 시간부터 만들어라. 그 속에서 마음의 여유가 생긴다. 마음이 분주하면 하나님 대답이 들리지 않는다. 여유가 회복되면 음성이 들린다.

오늘은 답답하다. 그래도 성도는 절망하지 않는다. 답답함을 뚫어주는 '하나님의 대답'이 있기 때문이다. 이 책은 그 방법을 알려주는 지침서다. '하나님 대답'을 듣는 방법을 썼기 때문이다. 읽고 나면 답답한 삶을 뚫어주는 사이다를 경험할 것이다.

답답함에 답답해하지 마라. 하나님의 대답을 붙들고 상황을 뚫어라. 하나님은 반드시 대답하신다.

# 제1부

하나님은 대답하신다

1. 불편함이 축복이다
2. 질문만 잘해도 길이 열린다
3. 기도 능력 평가는 듣기 평가다
4. 믿음은 하나님의 큰 그림을 믿는 것이다
5. 믿음의 별은 고난의 밤에 빛난다
6. 하나님 대답을 듣고 싶어요

**하박국 1장 1절**

선지자 하박국이 묵시로 받은 경고라

# 1
## 불편함이 축복이다

말씀은 불편하다

신앙생활이 행복한 것만은 아니다. 짐이 될 때도 있다. 지치고 힘들 때도 있다. 마음대로 할 수 없기 때문이다. 하나님의 인도를 따른다는 것은 행복한 일인 동시에 불편한 일이기도 하다.

하나님은 하박국에게 '경고'의 말씀을 주셨다.

> 선지자 하박국이 묵시로 받은 경고라(합 1:1).

한글 성경에서 '경고'라고 번역된 말씀은 원어로 '맛사'이다. 이 단어는 '짐'이라는 뜻을 가진다. 하나님 말씀이 짐처럼 무겁게 느껴진다는 말이다.

하나님께서 하시는 말씀이 늘 힘이 되는가? 결코 그렇지 않다! 하나님의 말씀이 짐이 될 때도 많다.

말씀을 들은 성도들은 이렇게 말한다.

> 목사님, 말씀을 들으니 제 마음대로 살기 어려워졌어요. 이전에는 미워하는 사람 그냥 미워하며 살았는데, 사랑해야 한다는 말씀을 들으니 불편해졌어요.

목사인 나도 크게 다르지 않다. 매주 말씀을 묵상하고 설교를 준비하지만, 하나님이 그때마다 위로와 격려만 주시는 것은 아니다. 어떨 때는 '하나님의 말씀이 들리지 않았으면 좋겠다'라고 생각될 때도 있다. 가끔씩 '이 정도면 괜찮은 목사야'라는 착각이 들 때도 있다.

그럴 때마다 하나님은 말씀을 통해 '모든 것이 하나님의 은혜다, 너의 힘으로 이룬 것은 아무것도 없다'라고 알려주시면서, 여전히 부족한 것이 많은 내 모습을 보여주신다. 어느 정도 심하냐면, 어떨 때는 겸손해지는 정도가 아니라 자존감이 무너진다.

'내가 잘할 수 있을까? 아니, 내가 뭘 할 수 있을까?'

말씀을 통해 철저하게 낮아지게 하신다. 스스로 잘하고 있다는 착각에 빠질 때면 말씀은 어김없이 그 생각에 찬물을 끼얹어

주신다. 그래서 말씀이 들리는 것이 불편하다. 말씀이 힘이 되기보다 짐이 된다. 말씀을 바르게 듣는 사람일수록 신앙생활이 짐스러워지는 것이다.

신앙생활이 짐이 될 때가 있는가? 꼭 신앙이 문제가 생겨서 그런 것이 아니다. 하나님의 말씀이 잘 들려서 그렇다. 하나님이 바로 곁에서 말씀해 주셔서 그렇다. 하나님과 친밀해지는 중이라서 그렇다.

그런데 하나님이 주시는 짐을 피하려는 사람들이 있다. 이는 잘못된 신앙생활이다. 바울은 자신을 '예수 그리스도의 종'이라고 했다. 하나님 앞에 무릎 꿇고 나오는 모습이다. 그런데 우리는 협상테이블에 앉아서 하나님을 만나려고 한다. 짐이 되는 신앙생활은 다 피하려고 한다.

하나님께서 위로의 말씀을 주시면 눈물을 흘리면서 "하나님은 내 마음을 다 아시는 분입니다"라고 감사하다가, 내가 실천하기 힘든 일, 애써 외면하고 싶은 말씀이 들리면, 금새 표정이 굳어진다. 좀 더 실천하기 가벼운 내용으로 협상하기 시작한다. 그러나 명심하라. 하나님이 주시는 짐은 협상거리가 아니다.

## 신앙의 짐은 안전을 위한 평행수다

하나님이 인도해 주시는 길을 보면서 "하나님, 그 길은 힘들기 때문에 가지 않겠습니다"라고 말하는 것이 옳은가, 아니면 "하나님이 말씀해 주시는 길이 힘들어도 가겠습니다. 감당할 수 있는 힘을 주세요"라고 기도하는 것이 옳은가?

하나님이 알려주시는 길로 가야 한다. 그래야 안전해진다. 그 길을 따라가는 과정에서 느끼는 신앙의 짐은 선박의 '평형수'와 같다. 평형수는 배가 파도에 뒤집히지 않게 배 아래에 채우는 물을 말한다. 평형수가 없으면 더 많은 짐을 실을 수 있을 것 같다. 평형수를 빼고 배를 더 가볍게 하면 더 빠르게 항해할 수 있을 것 같다.

그러나 배를 가볍게 하려고 평형수를 빼면 안 된다. 평형수는 무거워야 한다. 쓸모없는 짐처럼 느껴지는 무거운 평형수가 있어야 먼 바다도 안전하게 항해할 수 있다.

하나님의 말씀이 무거운 짐처럼 느껴지는가?

우리를 안전하게 지켜주는 평형수라서 그렇다. 그러므로 성도는 하나님이 알려주시는 힘든 길을 피하지 않는다. 마음의 준비를 하고 힘든 신앙의 짐을 짊어지고 간다.

## 안심 비용

하나님이 하박국에게 '경고'의 말씀을 주신 이유가 있다. 삶에 짐이 되는 말씀을 주신 이유가 있다. 안전을 위해서다. 안전한 신앙생활을 위해 불편한 삶을 말씀하신다. 안전을 위해서는 불편한 삶, 희생하는 삶이 필요하다.

2018년 5월, 침대 매트리스에서 1급 발암 물질 라돈이 검출됐다. 이 후 사람들은 돈을 더 주더라도 라돈에서 안전한 제품을 사려고 했다. 2017년, 살충제 계란 파동 때도 그랬다. 5배가 넘는 가격에도 불구하고 살충제에서 안전하다는 '방사 유정란'은 순식간에 품절되었다.

이런 것을 '안심 비용'이라고 부른다. 똑같은 상추도 '유기농'이라는 이름이 붙으면 더 비싸지만 많이 팔린다. 마트에서 두부를 하나 사도, 중국산이 더 싸다고 덥석 집어들지 않는다. 때로는 비싸도 국산을 구입할 때가 있다.

돈뿐만 아니다. 안전을 위해서도 불편함을 감수한다. 자전거를 타는 사람들을 봐도, 대충 타는 사람은 별 장비 없이 타지만, 잘 타는 사람, 제대로 타는 사람들은 헬멧을 쓰고 탄다. 헬멧이 초보라는 증거가 아니라 전문가라는 증거가 된다. 전문가들은 안전을 위해서라면 힘들고 불편한 삶을 마다하지 않는다. 불편한 삶, 짐이 되는 삶이 오히려 나를 지키는 삶이 된다.

### 무거운 짐이 나를 지킨다

한 TV 인터뷰에서 91세 할머니에게 물었다.

"할머니, 소원이 뭐예요?"

"남들이 들으면 욕하겠지만 오래오래 사는 게 소원이에요."

"왜 그렇게 오래 살고 싶으세요?"

"오래 살아야 내 딸을 돌보거든요."

노환에 몸을 가누기도 여의치 않은 그 할머니는 일흔이 넘은 딸을 돌보며 살았다. 할머니가 돌보는 딸은 두 다리를 제대로 쓰지 못하는 중증 성장장애인이다. 다른 사람의 부축이나 보조 장비 없이는 걸음조차 어려운 데다 언어능력이 부족해서 말도 제대로 하지 못했다. 할머니는 이 딸이 일흔 살이 넘도록 평생 함께했다. 화장실을 갈 때도, 얼굴과 몸을 씻겨줄 때도 항상 함께했다. 이 할머니가 91세까지 건강한 비결은 딸이다. 그 버거운 삶이 할머니를 지켰다.

하나님의 말씀이 성도를 지킨다. 말씀을 지키는 수고가 성도의 삶을 안전하게 하는 '안심 비용'이 된다. 그런데 우리는 말씀의 짐을 피하려고 한다. 이 과정에서 위험에 노출된다. 예를 들어, 소그룹 모임이 필요하지 않다고 말하는 사람이 있다. 이런 사람들은 교회 안에서 이루어지는 교제를 짐처럼 생각한다.

"말씀을 듣고, 예배하는 것은 좋습니다. 하지만 굳이 교회에서 사람들을 만나고 교제해야 할 필요가 있나요?"

하나님은 혼자 신앙생활 하라고 부르신 적이 없다. 그런데 꼭 자기 선택이 정당하다고 이야기한다. 그리고 그런 신앙이 문제가 없다고 생각한다. 신앙의 짐을 지려고 하지 않는다. 하나님은 지체들과 함께 신앙생활 하라고 말씀하신다.

> 즐거워하는 자들과 함께 즐거워하고 우는 자들과 함께 울라 (롬 12:15).

그러나 좀처럼 함께하려고 하지 않는다. 쉽고 가벼운 것, 내가 할 수 있는 것만 선택하려고 한다. 위험은 거기에서 시작된다. 조그만 유혹이 오고 시험이 와도, 옆에서 붙들어 주는 지체가 없으니 쉽게 무너져 버린다.

헌신과 사명도 그렇다. 하나님이 맡기신 일이면 감당하면 된다. 그런데 꼭 이렇게 말한다.

"하나님도 안식일에는 쉬라고 하셨습니다. 예수님도 수고하고 무거운 짐을 가지고 와서 쉬라고 하셨습니다."

헌신이라는 짐을 지려고 하지 않는다.

"월요일부터 금요일까지 계속 일합니다. 별 보고 출근했다가 별 보고 퇴근합니다. 주일에는 좀 쉬고 싶습니다. 주일까지 교회에서 일해야 하나요? 요즘 교회는 너무 많은 일을 요구합니다. 요즘같이 힘든 시기에 그렇게 하면 아무도 교회 나오지 않습니다."

　하나님이 사명을 주신 이유를 오해하고 있다. 하나님은 교회에 필요한 일을 위해서 성도에게 사명을 주시는 것이 아니다. 성도의 삶을 보호하기 위해서 사명을 주신다.

　'운전기사 신앙'으로 은혜 받은 성도들을 보면 알 수 있다. 교회들마다 운전기사들이 있다. 운전해 주기 위해서 교회를 오는 분들이다. 몸이 불편한 부모님을 위해, 가정의 평화를 위해 아내와 아이들을 차에 태워서 교회로 온다. 신앙이 있어서 오는 것이 아니다. 그냥 운전해 주려고 왔다가 예배 드리고 간다.

　그렇게 운전기사 신앙도 주일을 지킨 시간이 1년, 2년 쌓이면서, 삶이 변하는 사람을 많이 본다. 우리가 주일을 지키는 것이 아니다. 주일이 우리를 지킨다. 말씀이라는 짐이 우리 신앙을 안전하게 지켜준다.

　말씀은 협상 대상이 아니다. 번지점프 줄이 무겁다고, 얇은 줄로 바꿔달라고 협상하는 사람은 없다. 줄이 번거롭다고 잘라달라고 말하는 사람은 없다. 그 줄이 생명줄이다. 말씀이 생명줄이다. 불편할수록 안전해진다. 무거운 짐일수록 신앙의 균형을 잡아준다. 넘어지지 않게 해준다.

경고가 새로운 삶을 만든다

하나님이 성도에게 경고하시는 이유가 있다. 새로운 삶을 열어주시기 위해서다. 새로운 길로 인도하시려고 낯선 길을 말씀해 주신다.

미국에서 자동차를 만든 헨리 포드는 이렇게 말했다.

"고객에게 그들이 원하는 것이 무엇인지 묻는다면, 그들은 더 빠른 말을 달라고 했을 것이다."

자동차를 개발하기 전에 사람들에게 더 빠르게 이동하기 위해 필요한 것이 무엇인지 묻는다면 그들은 그냥 더 빠른 말을 달라고, 더 좋은 말을 달라고 대답했을 것이라는 뜻이다. 어제와 똑같은 선택은 새로운 삶을 만들어 내지 못한다.

하나님의 레슨

운동할 때 제일 위험한 것이 독학이다. '내 마음대로' 한다. 그러니 자세가 엉망이다. 처음에는 내 마음대로 하는 것이 더 편하다. 평소에 잘 쓰던 근육을 그대로 사용해서 하니, 운동을 빨리 배우는 것 같다. 그러나 그 자세가 굳어지면 더 이상 성장하지 못한다. 그 수준을 벗어나지 못한다. 낯선 것을 선택하지 않으면 변화가 없다.

아는 집사님에게 탁구 레슨을 받은 적이 있다. 혼자 칠 때보다 모든 것이 힘들었다. 집사님의 말대로 하느라 서 있는 것도 힘들었다. 엉거주춤 서는 자세, 라켓을 휘두르는 자세. 어느 것 하나 편한 것이 없었다.

그런데 시간이 지나면서 실력이 늘기 시작했다. 잘못된 자세도 교정되었다. 익숙함이 무너지고 새롭게 되었다. 내 마음대로 하면 편하다. 그러나 달라지지 않는다. 내 뜻대로 할 수 없으면 불편하다. 그러나 그때부터 삶이 달라진다.

하나님의 경고를 받아들이는 것은 하나님께 인생 레슨을 받는 것이다. 모든 것이 불편하다. 원망의 말을 하던 사람이 감사의 말을 하려니 불편하고, 복수할 생각을 하다가 사랑의 생각을 하려니 불편하다. 처음에는 하나에서 열까지 다 불편하다.

그런데 레슨을 받는 동안 내가 달라진다. 성장한다. 나를 괴롭히는 사람 때문에 더 이상 힘들어 하지 않는다. 나를 어렵게 만드는 문제 때문에 더 이상 큰 스트레스를 받지 않는다. 하나님께 인생 레슨을 받으니 삶이 달라진다.

## 아무것도 하지 않으면 아무것도 일어나지 않는다

하나님의 경고를 받아들여 새로운 선택을 하면 새로운 삶이 시작된다. 새로운 선택이 새로운 삶을 만드는 것이다.

1955년 12월 1일, 몽고메리 페어 백화점에서 일을 마친 로자는 집에 가기 위해 버스를 탔다. 당시 버스는, 앞쪽은 백인 좌석으로 뒤쪽은 유색인 좌석으로 나뉘어 있었다. 로자는 유색인 좌석 맨 앞줄에 앉았다. 시간이 지나면서 앞쪽 백인 좌석은 만석이 되었고, 엠파이어극장 정류소에 이르자 백인 몇 명이 더 탔다.

백인 두세 명이 서 있는 것을 본 운전기사는 유색인 좌석 표시를 로자가 앉은 자리 뒤로 밀고는 중간에 앉은 흑인 네 명에게 일어나라고 요구했다. 다른 세 사람은 일어나 뒤로 갔지만 로자는 움직이지 않았다. 운전기사가 소리쳤다.

"당신은 왜 일어나지 않는 거요?"

"일어나야 할 이유가 없다고 생각해요."

로자는 백인들에게 자리를 양보하는 것에 신물이 났다. 게다가 그녀가 앉았던 자리는 원래 흑인 좌석이었다. 버스기사는 경찰을 불렀고 얼마 후 경찰관 둘이 버스에 올랐다. 로자는 몽고메리 시 조례 6장 11절 "분리에 관한 법률" 위반 혐의로 체포되었다.

사건 나흘 뒤인 12월 5일이 로자의 재판일로 정해졌다. 그러자 마틴 루터킹 목사는 재판 당일 하루 만이라도 버스를 타지 말자고 흑인들을 설득하기 시작했다. 버스 보이콧을 주도하는 사람들은 '항의의 표시로 재판 당일 하루 만이라도 버스를 타지 말자'는 내용이 담긴 전단 3만 5천 장을 흑인들에게 뿌렸다.

그러나 보이콧의 성공은 장담할 수 없었다. 전단을 읽을 수 없는 사람도 많았고, 읽는다고 모두 동참할지도 미지수였다. 생업에 바쁜 사람들은 버스를 타지 않고 걸어가는 수고를 하지 않을 것이다. 그들은 일터에서 자신의 고용주인 백인들의 눈총을 견뎌내지 못할 것이다.

마틴 루터킹 목사는 60%만 동참해도 보이콧은 성공일 것이라고 기대했다. 12월 5일 재판일이 밝았다. 그날 아침도 여전히 시내버스는 운행되고 있었다. 단지 하나 다른 점이 있다면 버스가 텅텅 빈 채로 달리고 있었다. 대부분의 흑인들이 버스를 타지 않은 것이다. 출퇴근 시간 동안 거리는 직장으로 혹은 집으로 걸어가는 사람들로 가득 찼다. 그 중엔 수십 킬로미터나 되는 거리를 걸어가는 사람도 있었다.

그 후에 시작된 흑인 인권 운동은 전국적인 규모로 발전되었다. 그리고 일 년 뒤 결국 몽고메리 시에는 인종차별이 없는 버스가 생겨났다. 이 일을 이루어 낸 로자 파크스는 이렇게 말했다.

"아무것도 하지 않으면 아무것도 일어나지 않는다."

## 경고는 축복이다

하나님이 우리에게 새로운 요구를 하시는 이유는 새로운 삶을 주시기 위해서다. 간음하다 현장에서 잡힌 여인에게 예수님은 새로운 요구를 하셨다.

> 가서 다시는 죄를 범하지 말라(요 8:11).

그 여인에게 새로운 길을 알려 주신 것이다. 손가락질 받는 삶에서, 당당하게 사는 삶을 열어 주셨다.

새로운 삶을 원하는가?

하나님의 경고를 축복으로 받으면 된다. 말씀에 순종하는 낯선 삶을 선택하면 된다. 하나님의 말씀이 불편하게 들릴 때가 있다. 경고의 말씀처럼 들릴 때가 있다. 그때가 우리 삶이 달라질 때다. 새로운 삶으로 도약할 때다. 그 말씀에 순종하면 새로운 삶을 누릴 수 있게 된다.

정호승 시인의 <내 등에 짐이 없었다면>이라는 시가 있다.

> 내 등에 짐이 없었다면
> 나는 세상을 바로 살지 못했을 겁니다.
>
> 내 등에 있는 짐 때문에
> 늘 조심하면서 바르고 성실하게
> 살아왔습니다.

이제보니 내 등의 짐은

나를 바르게 살도록한 귀한

선물이였습니다.

내 등에 짐이 없었다면

나는 사랑을 몰랐을 것입니다.

내 등에 있는 짐의 무게로

남의 고통을 느꼈고 이를 통해

사랑과 용서도 알았습니다.

이제보니 내 등의 짐은 나에게

사랑을 가르쳐 준 귀한 선물이였습니다.

내 등에 짐이 없었다면

나는 아직도 미숙하게 살고 있을 것입니다.

내 등에 있는 짐의 무게가 내 삶이 되어

그것을 감당하게 하였습니다.

이제보니 내 등의 짐은

나를 성숙시킨 귀한 선물이였습니다.

내 등에 짐이 없었다면
나는 겸손과 소박함의 기쁨을
몰랐을 것입니다.

내 등의 짐 때문에
나는 늘 나를 낮추고 소박하게
살아왔습니다.

이제 보니 내 등의 짐은
나에게 기쁨을 전해준 귀한
선물이었습니다.

물살이 센 냇물을 건널 때는
등에 짐이 있어야 물에 휩쓸리지 않고
화물차가 언덕을 오를 때는
짐을 실어야 헛바퀴가 돌지 않듯이

내 등의 짐이 나를 불의와 안일의
물결에 휩쓸리지 않게 했으며
삶의 고개 하나하나를 잘 넘게 하였습니다.

성도에게 하나님의 말씀은 무거운 짐처럼 여겨질 때가 있다. 힘겨운 삶을 더 힘겹게 하는 짐처럼 다가올 때가 있다. 그러나 그 짐은 하나님의 심술이 아니라 하나님의 선물이다. 모진 풍파와 시험 속에서 우리를 지켜주는 선물이고, 우리 삶을 변화시켜 주시는 하나님의 축복이다.

하나님의 축복이 때로 경고의 모습으로 들릴 때가 있다. 그 경고의 소리를 듣고 반응할 때 삶은 달라진다. 그 불편한 경고가 우리 영혼을 살리는 진짜 축복의 소리다.

"내 뜻대로 할 수 없으면 불편하다.
그러나 그때부터 삶이 달라진다."

**하박국 1장 2절**

여호와여 내가 부르짖어도 주께서 듣지 아니하시니 어느 때까지리이까 내가 강포로 말미암아 외쳐도 주께서 구원하지 아니하시나이다

# 2
## 질문만 잘해도 길이 열린다

### 큰 아픔 VS 작은 아픔

삶은 아픔이다. 아픔 없는 삶은 없다. 그런데 아픔도 큰 아픔이 있고 작은 아픔이 있다. 큰 아픔과 작은 아픔의 차이가 무엇인가?

그것은 상처의 크기, 어려움의 크기가 아니다. 납득의 문제다. 작은 아픔은 '내가' 납득할 수 있는 아픔이다. 집 나간 탕자가 겪은 아픔이다. 집을 나가서 고생한다. 배가 고프고 집이 그립다. 힘들기는 하지만 스스로도 납득이 된다. '내가' 잘못해서 그렇다. 아픔의 이유를 안다.

그런데 납득하지 못하는 아픔이 있다. 신앙생활 잘 하고 있는데 어려움이 생긴다. 잘못한 일이 없는데 아픔이 생긴다. 그런게 큰 아픔이다. 설명이 안 되기 때문에 마음으로 받아들이기 어렵다. 그래서 견디기 힘들다.

요셉의 삶을 보면, 점점 아픔이 커진다. 애굽에 팔려 갈 때는 화가 나고 슬프기는 하지만 시간이 지나면 어느 정도 이해가 된다. 형들에게 잘못했던 일이 떠오르기도 한다. 철없던 모습이 반성된다. 그런데 보디발의 아내 때문에 누명 쓰고 감옥에 갇히는 아픔은 납득이 안 된다. 죄를 따라간 것이 아니라 말씀 따라가다가 생긴 아픔이기 때문이다. 이해할 수 없는 아픔이다.

## 질문을 잘해야 길이 열린다

납득되지 않는 아픔을 만나면 질문이 생긴다.

'나에게 왜 이런 일이 생겼나?'

'누가 이유라도 알려줬으면 좋겠다.'

그때 답을 찾는 방법은 질문에 달려있다. 좋은 질문이 답을 만든다. 문제 해결의 열쇠는 여기에 달려있다. 질문만 잘해도 길이 열린다. 예수님은 탁월한 질문꾼이다.

사람들이 예수님을 공격하려고 말로 함정을 팠다.

"로마에 세금을 내야 합니까?"

그때 예수님은 답하기보다 다시 질문하셨다.

"돈에 새겨진 형상과 글은 누구의 것이냐?"

빠져나갈 수 없는 함정 상황을 좋은 질문으로 벗어나셨다.

최고의 철학자 소크라테스 역시 질문을 잘한 사람이었다. 그는 잘 가르친 사람이 아니라 질문을 잘한 사람이다. 사람들에게 계속 좋은 질문을 했다. 그래서 상대방이 스스로 답을 찾도록 도와주었다. 질문을 통해 다른 사람의 길을 열어주었다. 그래서 그의 가르침 방법을 '산파술'이라고 한다. 질문을 통해 스스로 깨닫는 것을 도왔다는 말이다.

우리도 질문의 상황을 만날 때가 있다. 이해하지 못하는 어려움을 만날 때가 있다. 그때 필요한 것이 질문 능력이다. 질문만 잘해도 길이 열리기 때문이다.

### 질문은 내용보다 방향이 중요하다

질문을 잘하기 위해 먼저 해야 할 일이 있다. 질문의 방향을 잡는 일이다. 질문은 내용이 아니라 방향이 중요하다. '무엇을 질문할 것인가?'라는 내용보다 '누구에게 질문할 것인가?'라는 방향이 중요하다. 답을 줄 수 있는 방향으로 가야 답을 들을 수 있다.

청소년들이 방황하는 이유는 질문의 방향을 잃었기 때문이다. 청소년 사역을 할 때 한 여학생이 찾아와서 이런 말을 했다.

"목사님에게 말할 수 있어서 참 좋아요."

"마음 놓고 말할 수 있는 어른이 있어서 좋아요."

청소년들도 또래 친구들끼리 이야기하고 서로 상담해도 답을 찾을 수 없다는 것을 안다. 그런데도 문제가 생기면 친구들을 찾아간다. 들어주는 어른이 없어서 그렇다. 청소년들을 향해 입을 여는 어른은 많다. 그런데 귀를 여는 어른은 적다. 그래서 답을 못 주는 친구들에게 가서 질문하고 엉뚱한 답을 붙들고 방황한다. 답이 없는 삶을 산다. 질문의 방향이 틀리면 답도 틀린다.

### 답은 하나님께 있다

신앙은 하나님에게 질문하는 것이다. 질문을 들고 하나님께로 오는 것이 믿음이다. 하박국은 질문의 방향을 잘 잡았다. 그는 이해할 수 없는 어려움을 만나자 하나님께 질문했다.

'하나님 왜 이 땅에 정의가 사라졌나요?'

'왜 정직이 사라졌나요?'

'이런 모습을 언제까지 보고만 계실 건가요?'

열심히 살았는데 고난이 오고, 눈앞의 문제는 답이 없어 보였다. 그때 하박국은 하나님 앞으로 왔다. 하나님에게 와서 질문했다.

하나님께 질문한다는 것은 답이 하나님께 있다고 고백하는 것이다. 답이 하나님께 있다는 확신이 하나님께로 나오게 만든다. 힘든 일이 있으면 새벽기도에 나와 기도하는 집사님이 있다. 문제 때문에 잠도 잘 못자고, 몸도 힘든데 그럴 때일수록 새벽기도는 꼭 나온다. 이유는 하나다. 하나님에게 답이 있다는 확신 때문이다. 그래서 삶의 질문이 생길 때마다 그 질문을 하나님께로 가지고 나온다.

### 엉뚱한 곳에서 질문하면 엉뚱한 답을 듣는다

아픔을 만났을 때 엉뚱한 곳에 질문을 하면 오히려 괴로워진다. 요한복음 9장에 나오는 맹인의 삶이 그렇다. 그는 태어날 때부터 앞을 보지 못하는 사람이다. 태어날 때부터 지금까지 캄캄한 인생이다. 빛이 없는 삶이다. 얼마나 답답한가?

그런데 그 사람을 더 답답하게 만든 것은 잘못된 질문이다. 답답한 마음에 사람들을 찾아가서 질문한다.

"저는 왜 이렇게 태어났나요?"

"너희 부모님의 죄 때문이야."

답이 되는가?

더 답답하다.

'부모님이 무슨 잘못을 해서, 내가 이 고생을 하나?'

'부모님의 죄가 나와 무슨 상관이기에 빛도 없는 인생을 살아야 하는가?'

답이 되는 것이 아니라 원망이 된다. 미움이 된다. 질문의 방향이 틀리면 원망이 쌓인다. 또 사람들을 찾아가 질문한다.
"저는 왜 이렇게 갑갑한 인생을 살아야 하나요?"
"너의 죄 때문이야!!"
'웃기지 마라. 나는 태어날 때부터 앞을 못 봤다.'
사람들에게 가서 질문했는데 답이 안 된다. 절망이 된다. 문제가 더 꼬이고 더 답답해진다. 질문의 방향이 틀려서 그렇다.
이 사람은 언제 답을 찾나?
예수님 앞에 섰을 때다. 그 사람 앞에 선 예수님은 이렇게 말씀하신다.
"하나님의 일을 드러내기 위함이다."
네가 맹인으로 태어난 것은 하나님의 영광을 나타내기 위해서라고 말씀하신다. '죄 때문'이라는 말만 들었는데, '영광 때문'이란다. '답답한 인생'인 줄 알았는데, '답이 있는 인생'이라고 말씀해 주신 것이다. 눈이 열려 빛이 들어오기 전에, 먼저 눈물이 났을 것이다. 가슴을 막고 있던 짐 덩어리가 내려가는 순간이다.
어떻게 이런 일이 생겼나? 예수님에게 답을 들었기 때문이다. 사람들에게 답을 묻던 삶이 예수님에게 답을 듣는 삶이 되었다.
성도는 하나님께 질문하는 사람이다. 기도가 질문이다.
'하나님, 제 삶에 문제가 생겼습니다. 어떻게 해야 할까요?'

기도는 문제에 대한 질문이다. 그때 하나님이 응답해 주신다. 예배도 그렇다. 예배는 삶에 대한 질문이다.

'하나님, 제가 한 주를 어떻게 살아야 하나요? 하루하루 어떻게 살아가야 하나요?'

하나님의 은혜 없이 월요일을 맞이하기 힘들다. 그래서 한 주간 삶에 답을 듣기 위해 예배한다. 다시 말해 예배는 한 주를 앞두고 하나님께 질문하는 시간이다.

### 선명한 답보다 정답이 중요하다

많은 사람들이 문제가 생기면 질문의 방향을 놓친다. 하나님께 질문하지 않고, 다른 곳에 가서 질문한다.

왜 그런가? 그곳에 더 선명한 답이 있어 보이기 때문이다.

SNS에 일주일이 멀다 하고 '힘들다,' '외롭다'는 글을 올리는 사람들이 있다. 그러면 다른 사람이 읽고 위로해 준다.

얼마나 선명한 위로인가? 힘든 일 있을 때마다 사람을 찾아가서 묻는 사람이 있다.

"내가 어떻게 하는 게 좋을까?"

그러면 사람들은 선명하게 답해준다. 분명하게 위로해준다. 그래서 사람 앞으로 간다. 그런데 하나님 앞으로 가면 선명하지 않을 때가 많다. 바로 대답해 주시기보다 기다려야 할 때가 많다. 하나님 음성이 희미하게 느껴질 때가 많다.

한 남성이 어두운 밤에 가로등 밑에서 무언가를 한참 찾고 있었다. 그래서 길 가던 사람이 그것을 보고 물었다.

"무엇을 찾고 있나요?"

"약혼자에게 줄 반지를 찾고 있어요. 사랑하는 사람이 생기면 주라고 하시며 어머니가 남겨 주신 유품이에요."

사연을 듣고 보니 딱한 마음이 들어서 몇 사람이 함께 반지를 찾기 시작했다. 그러나 한 시간이 넘도록 샅샅이 찾아도 못 찾았다. 그래서 함께 찾던 사람이 그 남자에게 물었다.

"여기에서 잃어버린 것이 맞나요?"

남자는 가로등과 멀리 떨어진 어두운 구석을 가리키며 대답했다.

"아니요. 저기 저쪽 어두운 구석에서 잃어버렸습니다. 그런데 저기는 어두워서 잘 보이지 않아요. 그래서 잘 보이는, 여기 밝은 가로등 밑에서 찾고 있어요."

잃어버린 장소보다 가로등 밑에서 찾는 것이 더 잘 보인다. 선명하다. 그러나 반지를 찾을 수는 없다. 선명하게 보인다고 답이 아니다. 답이 되어야 답이다.

아브라함에게도 하나님의 약속은 희미해 보였다. 하나님은 아브라함에게 많은 민족을 약속하셨지만 현실에서 그것은 단지 약속일 뿐이다. 여전히 사라와 아브라함의 나이는 많고, 10년이 지나도 아무런 변화가 없다. 하나님의 약속은 점점 희미해진다.

그때 사라가 현실적인 제안을 한다. '하갈을 통해 아이를 낳자'는 제안이다. 이 제안이 훨씬 선명해 보인다. 반대로 하나님 앞에서 약속을 기다리는 일은 희미하다. 분명하지 않다. 그러나 약속의 자녀는 이스마엘이 아니라 이삭이다. 지금 눈에 보이는 하갈에게 가면 이스마엘이고, 하나님 앞으로 가면 이삭이다.

### 눈감는 용기

그래서 눈앞에 보이는 답에 눈감는 용기가 필요하다. 선명한 것에 눈감는 은혜가 필요하다. 못 보는 것이 은혜고 안 보는 것이 용기다.

목사가 첫 목회지에서 사역을 하면 첫해에는 성도들을 잘 모른다. 그때 단면만 보고 헌신을 요구할 때가 있다. 그 성도의 형편을 잘 모르니까 과감하게 요구한다. 그런데 그때 순종과 헌신의 역사가 많이 일어난다. 그 성도의 상황과 형편을 다 알면 못했을 요구다. 잘 모르고 요구했는데, 목회자의 요구를 하나님의 음성으로 알고 순종하면서 신앙이 성장한다.

헌신만 그런 것이 아니다. 응답도 그렇다. 당장 사람이라는 답이 보이면 하나님께 기도하기보다 사람에게 전화 걸기를 선택한다. 그때는 눈에 보이는 해결책에 눈감는 용기가 필요하다. 내 문제는 하나님 앞으로만 가지고 가겠다. 그러고 눈을 감아야 한다.

이스라엘을 바라보는 하박국의 심정이 어떻겠는가? 문제는 해결되지 않고 죄악은 점점 커진다. 그때 선지자라는 위치를 이용해 이스라엘 왕도 찾아가고, 높은 사람들도 만나고 싶은 유혹도 있었을 것이다. 그런데 하박국은 그렇게 보이는 해결책에 눈을 감았다. 권력자를 찾아가지 않고 하나님께로 갔다. 질문의 방향을 정확하게 정했다.

## 아픔이 이정표가 된다

우리 삶에서 아픔이 길어질 때가 있다. 그러면 눈에 보이던 해결책이 하나둘씩 사라지기 시작한다. 처음에는 내 힘으로 해결하려고 몸부림치고, 안되면 눈에 보이는 사람들도 찾아간다. 그래도 아픔이 해결되지 않으면 그런 것 다 포기하고 하나님 앞으로 가게 된다. 눈감기가 된다.

왜 하나님은 우리에게 이토록 긴 아픔을 허락하시는가? 아픔이 길어지면 여기저기 두리번거리던 눈을 감게 되기 때문이다. 하나님 앞으로 나오게 되기 때문이다. 어떤 분은 태어날 때부터 신장이 좋지 않았다. 그러니 평생 기도하는 마음으로 살아간다. 하나님 앞을 떠나지 않는다. 아픔 때문에 하나님 앞 자리를 지킨다. 하나님은 성도의 아픔을 이정표로 쓰신다. 아픔을 통해 옳은 방향을 알려주신다.

어려움이 생기면 질문이 생긴다. 그때 성도는 사람에게서 답을 찾지 않는다. 하나님께로 방향을 정한다. 질문을 잘한다는 것은 방향을 잘 정한다는 것이다.

### 응답이 없나? 자리에 없나?

방향을 정했으면 답을 들을 때까지 기다려야 한다. 질문을 잘한다는 것은 기다릴 줄 아는 것이다. 많은 사람들이 하나님의 응답이 없다고 말한다. 그런데 내가 보면 하나님의 응답이 없는 것이 아니라 하나님이 응답하실 때 그 사람이 자리에 없다.

은행에 가면 꼭 그런 사람들 있다. 번호표 뽑아 놓고 자리를 지키지 않는다. 그리고 한참 후에 와서 왜 자기 번호 부르지 않느냐고 따진다. 그 번호 이미 불렀다. 단지 그때까지 자기 자리를 지키지 않은 것이다.

기도에 있어서도 번호표만 뽑아놓고 사라지는 사람들 많이 본다. '3분 짜장'이 아니라 '3분 기도' 한다. 나라 경제가 어렵다며 한탄하는 이야기는 30분을 해도, 나라를 위해 기도하자고 하면 3분을 못한다. 자녀의 미래를 걱정하면서 옆에 있는 사람과

3시간을 이야기해도, 자녀 문제를 놓고 기도하면 30분이면 끝난다.

하박국은 하나님께 기도하며 기다리고 있다.

> 여호와여 내가 부르짖어도 주께서 듣지 아니하시니 어느 때까지리이까(합 1:2).

'하나님 언제까지 제 기도를 듣지 않으실 것입니까?'

계속 기도하고 있다는 말이다. 질문을 해놓고 자리를 떠나지 않는다. 멈추지 않고 기다리고 있다는 말이다.

### 기다림은 멈추지 않는 것이다

기다림은 손 놓고 있는 것이 아니다. 하나님께 질문하기를 멈추지 않는 것이다.

나는 인디언 기우제 이야기를 좋아한다. 비가 오지 않으면 인디언들은 기우제를 지낸다. 그러면 반드시 비가 온다. 왜냐하면 그들은 비가 올 때까지 기우제를 드리기 때문이다. 고난을 들고 하나님께 질문하는 것은 인디언 기우제와 같다. 하나님이 답을 주실 때까지 질문한다. 질문을 멈추지 않는다. 그러면서 질문이 달라진다.

지방에 있는 한 교회에 부사역자가 없었다. 그래서 주일학교를 사랑하는 집사님이 하나님께 기도하기 시작했다.

'하나님, 전도사님 보내주세요. 좋은 전도사님 보내주세요.'

그런데 지방이고 작은 교회라서 그런지 전도사님이 오시지 않았다. 그렇게 기도가 1년이 넘어가고, 2년이 넘어가기 시작했다. 그래도 전도사님이 오시지 않으니까, 그분이 '나라도 교사를 해야겠다'라고 생각하며 섬기기 시작했다. 그러면서 어느 순간부터 기도제목이 바뀌었다.

'하나님, 우리 아이들이 믿음으로 자라게 해주세요. 제가 교사로서 바르게 섬길 수 있도록 도와주세요.'

전도사님 보내달라는 기도는 응답이 안 되었다. 그러나 주일학교를 위해서 기도하기를 멈추지 않았다. 그랬더니 기도제목이 바뀌고 주일학교가 살아나기 시작했다.

길이 열리는 질문은 어떤 질문인가?

끝까지 기다리는 질문이다. 멈추지 않고 질문하면서 기다리면 된다. 그러면 길이 열린다. 응답이 되어서 답이 되는 역사가 있던지, 질문이 바뀌어서 답이 되는 역사가 있다.

유럽에 주식의 신으로 불리는 앙드레 코스톨라니(Andre Kostolany)는 주식 투자에 성공하는 비결을 이렇게 이야기 했다.

"돈을 가지고 우량주를 사라. 그리고 수면제를 먹고 몇 년간

푹 자라."

중간에 이런 소식, 저런 소식에 흔들리지 말고, 잠시 주식이 내려가는 것 같아도 신경 쓰지 말라는 뜻이다.

인생에서 가장 우량주는 하나님이다. 지금까지 하나님께 인생을 투자해서 부도난 사람은 한 사람도 없다. 단지 끝까지 기다리지 못할 뿐이다.

### 아픔을 만나면 질문을 잘해야 한다

지금 이해할 수 없는 아픔을 만날 때가 있다.
'나에게 왜 이런 아픔이 있을까?'
'어떻게 해야 이 문제를 해결할 수 있을까?'
그때, 질문의 중요한 원칙 두 가지를 기억하면 된다.

**첫째**, 질문은 방향이 중요하다. 눈앞에 보이는 답을 찾아가지 말고 답이 되는 하나님을 찾아가라. 하나님 앞으로 방향을 정해야 답을 찾을 수 있다. 하나님께 질문하라.

**둘째**, 질문하기를 포기하지 마라. 멈추지 말고 질문하는 것이 기다림이다. 그 시간을 통해 내가 달라지고 질문이 달라진다. 그리고 응답하시는 하나님을 경험하게 된다.

바른 방향으로 질문하는 것이 잘하는 질문이다. 멈추지 않고 질문하는 것이 잘하는 질문이다. 질문만 잘하면 길이 열린다.

"답을 찾는 방법은 질문에 달려있다.
좋은 질문이 답을 만든다."

## 하박국 1장 2-4절

여호와여 내가 부르짖어도 주께서 듣지 아니하시니 어느 때까지리이까 내가 강포로 말미암아 외쳐도 주께서 구원하지 아니하시나이다 어찌하여 내게 죄악을 보게 하시며 패역을 눈으로 보게 하시나이까 겁탈과 강포가 내 앞에 있고 변론과 분쟁이 일어났나이다 이러므로 율법이 해이하고 정의가 전혀 시행되지 못하오니 이는 악인이 의인을 에워쌌으므로 정의가 굽게 행하여짐이니이다

# 3
### 기도 능력 평가는 듣기 평가다

**산신령은 빨라서 좋다**

전래 동화 중 '금도끼 은도끼' 이야기가 있다. 나무꾼이 나무를 하다가 잃어버린 도끼를 찾는 이야기다. 그런데 나무꾼은 잃어버린 도끼만 찾은 것이 아니다. 정직하게 대답했다고, 금도끼와 은도끼도 함께 받았다.

사람들이 이 동화를 좋아하는 이유가 있다. 금도끼, 은도끼를 받아서 좋아하는 것이 아니다. 금도끼, 은도끼를 '지금' 받았기 때문에 좋아하는 것이다. 산신령이 사랑받는 이유는 쇠도끼가 빠지자마자 등장했기 때문이고, 산에 내려가기 전에 도끼 세 자루를 손에 쥐여줬기 때문이다.

이야기를 조금 바꾸어서 전개하면 상황이 달라진다.

산신령이 나타나서 나무꾼에게 말한다.

"이 금도끼가 네 것인가?"

"아닙니다."

"이 은도끼가 네 것이냐?"

"아닙니다."

"그래 정직하구나. 너는 정직하기 때문에 앞으로 2년을 기다리면 쇠도끼를 돌려 줄 것이고, 10년을 기다리면 은도끼를 줄 것이다. 언젠가는 금도끼도 줄 것이다. 그러니 너는 이 산과 숲을 떠나 내가 네게 지시할 땅으로 가라."

누가 산신령 말 듣고 그냥 빈손으로 가겠는가?

그 자리에서 산신령을 설득한다고 금식하는 사람도 나오고, 100일 작정기도 하는 사람도 나올 것이다. 그것도 아니면 직접 도끼를 찾겠다고 물에 뛰어드는 사람도 생길 것이다.

왜 그런가?

기다림은 내가 원하는 응답이 아니기 때문이다.

## 응답받는 기도는 듣는 기도다

사람들은 빨리 응답되는 기도를 좋아한다. 그런 기도가 능력 있는 기도라고 생각하기 때문이다. 그러나 그렇지 않다. 능력 있는 기도는 빨리 응답되는 기도가 아니다. 하나님의 뜻대로 응답되는 기도가 능력 있는 기도다.

선지자 정도 되면 능력 있는 기도를 하지 않겠는가? 그런데 선지자 하박국의 기도는 빨리 응답되는 기도가 아니었다.

> 여호와여 내가 부르짖어도 주께서 듣지 아니하시니 어느 때까지리이까?(합 1:2).

하박국의 기도는 즉시 응답되지 않았다. 하나님은 선지자가 기도해도 빨리 응답하지 않으신다. '조급함'은 응답의 조건이 아니다. '하나님의 뜻'이 응답의 조건이다. 기도는 하나님의 뜻에 맞아야 응답된다.

하나님의 뜻을 알기 위해서는 잘 들어야 한다. 기도에서 제일 중요한 능력은 듣기 능력이다. 기도에 필요한 능력은 부르짖는 능력이 아니다. 귀 기울이는 능력이다. 그래서 기도 능력 평가는 듣기 평가다. 하나님의 뜻이 무엇인지 들을 수 있어야 응답받는 기도를 할 수 있다.

테레사 수녀에게 기도란 듣기였다. 한 기자가 테레사 수녀에게 물었다.

"수녀님은 하나님께 무엇을 기도하십니까?"

그러자 테레사 수녀는 대답했다.

"저는 듣습니다."
그러자 기자는 테레사 수녀에게 다시 물었다.
"그러면 하나님은 무엇이라고 말씀하십니까?"
"그분도 들으십니다."
우리 기도를 들으시는 하나님은 우리도 하나님의 뜻을 듣기를 원하신다. 듣지 않으면 소통이 아니라 불통이다.

내려놓아야 들린다

많은 사춘기 자녀들이 부모와 불통 관계에 있다. 그들은 부모님의 말씀 중에 "대화 좀 하자"라는 말을 가장 싫어한다. 아이들에게 '대화'는 '대놓고 화내는 것'이다. 자녀들이 부모님의 생각과 다른 생각을 말하면 부모님은 설득으로 시작해서 협박으로 끝맺는다. 말은 대화인데, 엄마가 하고 싶은 말만 한다. 자녀들의 생각을 들어 주지 않는다. 그러면서 빠지지 않는 말.
"엄마가 틀린 말 했어?"
이 말은 '내 말은 다 맞으니 너는 따르기만 해'라는 말이다. 엄마의 생각을 강요하려는 대화다. 그러니 아무리 긴 시간 대화를 해도 자녀의 생각을 들을 수 없고, 속마음을 알 수가 없다. 듣지 않으면 들리지 않는다. 그래서 기도할 때 필요한 것이 내려놓기다. 내 답을 내려놓고 기도해야 귀가 열린다.

스타 강사 김미경은 자녀들이 좋은 대학 들어가기를 원하는 학부모들에게 이렇게 말했다.

> 자녀들이 한의사가 되는 것보다, 어머님들이 공부해서 한의사 되는 것이 더 빠를 수 있다. 자녀들은 왜 공부해야 하는지도 모르는데, 어머님들은 왜 공부해야 하는지도 알고, 한의사가 얼마나 좋은지도 안다. 그러면 동기부여 할 필요도 없고 공부만 하면 된다.

'아이를 무조건 한의대 보내겠다'는 답을 내려놓으라는 말이다. 맞는 말인데 그렇게 하는 부모는 거의 없다. 내 답을 내려놓지 못한다. 그러니 좋은 대안을 알려 주어도 들리지 않는다. 내가 정한 답을 내려놓지 못하면 다른 이야기가 들리지 않는다.

주일 설교 시간에 "세 사람이 바뀌는 것보다 한 사람이 바뀌는 것이 쉽다"라고 설교했다. 남편도 마음에 들지 않고 자녀도 마음에 들지 않고, 시어머니도 마음에 들지 않는다. 이럴 때는 마음에 안 드는 세 사람이 바뀌는 것보다 나 한 사람 바뀌는 것이 쉽다는 말이다.

그 말씀을 듣고 한 성도의 기도제목이 달라졌다. 그전까지는 남편이 달라지는 것이 답이고, 자녀가 달라지는 것이 답이라고 생각했다. 그래서 오매불망 가족들이 변하기를 간절히 기도했다. 그러나 이제는 그 답을 내려놓고 자신이 달라지기를 기도한다.

'내 답'을 내려놓았다. 그랬더니 삶속에서 말씀하시는 하나님의 음성이 들리기 시작했다. 하나님이 자신에게 원하시는 것이 무엇인지 점점 선명하게 발견하기 시작했다. 내 답을 내려놓으면 하나님의 답이 들린다.

하박국 선지자도 하박국 1장에서는 '언제 구원해 주십니까?'라고 현실을 답답해하는 기도를 했다. 하지만 2장에서 하나님 답을 듣고 난 이후에는 자신의 생각을 내려놓고, 기도제목이 달라졌다. 3장에서는 이렇게 고백한다.

'비록 지금 상황이 어렵고 힘들어도 하나님 붙들고 감사하겠습니다.'

내 답을 내려놓으니 하나님의 뜻이 들려지기 시작했다.

혹시 똑같은 기도제목을 가지고 기도하면서 2년, 3년을 넘기는 분들이 있는가?

기도제목을 바꾸는 것이 필요하다. '하나님 우리 아이가 한의대 가게 해주세요'라는 기도 제목보다, '하나님 제가 공부해서 한의사가 되겠습니다'라고 기도하고 본인이 공부해서 한의대 가는 게 더 빠를 수 있다. 답을 정해 놓고 기도하는 것은 진정한 기도가 아니라는 말이다.

설득당하기

그런데 사람들은 기도생활을 거꾸로 한다. 내 답은 꼭 붙들고 하나님이 답을 포기하시기를 기다린다. 하나님이 나에게 설득당할 때까지 기도하려고 한다. 금식기도, 작정기도. 대부분 하나님을 설득하기 위해서 기도한다. 하나님 보좌를 흔들어서라도 하나님을 설득하려고 한다.

그러나 기도는 '하나님 설득하기'가 아니다. 내가 하나님께 설득당하는 것이다. 기도는 '설득당함'이다.

야곱은 얍복강에서 하나님의 천사와 씨름했다. 하나님을 설득하고 싶었다. 그렇게 밤새도록 씨름한 결과 하나님을 설득한 것이 아니라 하나님께 설득당했다. 그전에는 자기 살 궁리를 하며 다른 사람들을 앞세우던 야곱이 달라졌다. 혼자서 형 에서 앞으로 가기 시작했다. 사람이 달라졌다.

예수님의 겟세마네 기도는 설득당하는 기도의 본을 보여주신 기도다.

> 아버지여 아버지께서는 모든 것이 가능하시오니 이 잔을 내게서 옮기시옵소서(막 14:36).

십자가는 예수님도 피하고 싶은 길이다. 이 길을 가야 한다는 생각에 너무 고민하여 죽을 것 같다고 말씀하셨다. 죽을 만큼 힘들었다. 얼마나 힘들었으면 제자들에게 함께 기도해 달라고 부탁하시겠는가? 복음서 전체에서 예수님이 자신을 위해 기도해 달라고 말씀하시는 장면은 이 때가 유일하다. 이번만큼은 예수님도 하나님을 설득해서 다른 길을 가고 싶으셨다.

그러나 예수님은 기도로 하나님을 설득하지 않으셨다.

> 그러나 나의 원대로 마시옵고 아버지의 원대로 하옵소서 (막 14:36).

예수님은 기도로 하나님께 설득당하셨다. 기도제목이 간절하지 않아서 포기하신 것이 아니다. 땀이 피가 되는 아픔이었다. 그러나 하나님의 뜻을 듣고 나서 힘들어도 받아들이는 선택을 하셨다. 하나님께 설득당하셨다.

기도 응답은 내 뜻이 이루어지는 것이 아니다. 하나님의 뜻이 이루어지는 것이다. 하나님께 설득당하는 것이 진짜 응답이다.

오랜 기도제목이 있는가? 응답되지 않아서 답답한 기도제목이 있는가? 그 답답함의 시간은 버려지는 시간이 아니다. 하나님께 설득되고 있는 시간이다. 내가 하나님의 뜻대로 변화되는 시간이다. 하나님 앞에 서 있는 모든 시간은 버려지는 시간이 아니다. 하나님께 설득되는 과정일 뿐이다.

그 과정을 통해 내 답을 내려놓고 하나님의 뜻을 듣기 시작하면 야곱이 이스라엘이 된다. 십자가의 시간이 부활의 시간으로 바뀌게 된다. 진짜 응답의 시간이 시작된다. 내 뜻을 내려놓고 하나님께 설득당하면 응답받는 인생이 된다.

조급하면 안 들린다

하나님의 음성을 듣기 위해 필요한 것이 또 있다. 조급함을 제거하는 것이다. 조급함은 장애물과 같다. 장애물이 있으면 하나님의 음성이 잘 들리지 않는다. 방해되는 장애물을 치워야 한다. 조급한 마음은 하나님 음성을 듣는 걸림돌이 된다. 마음이 조급하면 다른 이야기가 들리지 않기 때문이다. 조급함을 치워야 진짜가 들린다.

사기꾼들이 많이 하는 말이 있다.

"지금 선택하지 않으면 기회를 놓칠 수 있다."

"이번 기회를 놓치면 다시는 기회가 없다."

그래서 조급한 마음이 들게 한다. 그러면 주위 사람들의 바른 말을 듣지 못한다. 조급함이 들어오면 중요한 이야기에 귀를 닫게 된다.

쓰지도 않는 홈쇼핑 제품들이 집에 쌓이는 이유도 조급함 때문이다. 홈쇼핑마다 "마감 임박," "마지막 찬스" 이런 표현을 쓴다. 그러면 판단력이 흐려진다. '지난번에 산 것도 창고에 있는데'라는 마음의 소리를 듣지 못하게 한다. 조급함은 바른 이야기를 차단하는 장애물이다.

아는 목사님 중에 어려운 교회와 기관을 힘이 되는 대로 돕는 것을 사명이라고 생각하시는 분이 계신다. 그분 교회로 여러 가지 후원 요청과 도움 요청, 사역 지원 요청이 많이 온다. 그때마다 그분만의 원칙이 하나있다. 어떤 급한 요청도 그 자리에서 결정하지 않고 2주간 시간을 두는 것이다. 그 시간 동안 기도하고, 시간을 보낸 후에 결정한다. 조급함이라는 장애물을 걷어낼 수 있는 시스템을 만든 것이다. 2주 후에도 요청한 사역들의 필요성이 보이면 아낌없이 지원한다. 조급함을 제거해야 바른 결정을 할 수 있다.

하박국은 조급함의 함정에 걸려 넘어지지 않았다. 하박국 시대는 악인들이 성공하고, 율법은 무시당했다. 의인은 핍박받고, 선지자는 외로웠다. 정의가 긴박하게 요청되고 답이 급하게 필요한 시대였다. 그때 하박국은 하나님에게 집중했다. 우왕좌왕 사람을 찾아다니며 정의를 주장하지 않았다. 광장에서 정의를 구걸하기보다 골방에서 하나님께 귀를 기울였다. 급하다고 행동하지 않았다. 위급했기에 가장 좋은 답만을 기다렸다.

대부분 사람들은 조급함 때문에 길을 잃는다. 급한 기도제목을 들고 나오는 분 중에는 마음이 분주한 분들이 많다. 기도는 하는데 하나님께 집중하지 못한다. 하나님이 아니라 누구라도 좋으니 해결해 주기를 바란다. 결국 붙들어야 할 것을 붙들지 못하고 손에 잡히는 것을 잡는다. 엉뚱한 것을 손에 잡고, 삶의 방향을 놓친다.

조급함 VS 조심함

그래서 기도는 조급한 마음으로 하는 것이 아니라 조심하는 마음으로 하는 것이다. 조급한 마음은 내가 이루려는 마음이지만, 조심하는 마음은 하나님을 의지하는 마음이다.

부모님이 하시는 말씀은 '조급'이 아니라 '조심'이다. 횡단보도를 건널 때도 조심하라고 한다. 어린 자녀가 학교를 갈 때도 조심하라고 한다. 80세 노모는 심지어 60세가 된 아들이 나들이 갈 때 차 조심하라고 한다. 조심해야 안전하다.

우리가 인생을 안전하게 사는 방법은 조급하게 사는 것이 아니라 조심하며 사는 것이다. 조심하며 살 때 하나님의 음성을 들을 수 있다. 조급한 마음은 내가 원하는 응답 외에 귀를 닫게 만들지만, 조심하는 마음은 하나님을 향해 귀를 쫑긋 세우게 만든다.

잘하는 운전은 조급한 운전이 아니라 조심하는 운전이다. 잘하는 기도는 조급함을 내려놓고 하나님을 의지하는 기도다. 조급함을 제거하면 하나님의 음성이 들린다. 응답받는 인생이 된다.

오늘날은 긍정적인 뉴스보다 부정적인 뉴스가 더 많다. 힘이 되는 소식보다 짐이 되는 소식이 더 많다. 그 아픔이 나만 피해 가지 않는다. 성도의 삶에도 실직이 있고, 질병이 있고, 깨어짐이 있다. 그럴 때 우리는 외부에 대해 귀를 닫게 되고 자신의 이야기만 주장하게 된다. 조급하게 살게 된다.

그때 성도가 해야 할 것은 하나님께 귀를 기울이는 것이다. 자신의 답을 내려놓아야 하나님의 음성이 들린다. 조급한 마음을 제거하고 하나님을 의지해야 하나님의 음성이 들린다. 들어야 산다. 귀가 열려야 삶이 열린다.

능력 있는 기도는 듣는 기도다.

"조급한 마음은 하나님 음성을 듣는 걸림돌이 된다."

## 하박국 1장 5-11절

여호와께서 이르시되 너희는 여러 나라를 보고 또 보고 놀라고 또 놀랄지어다 너희의 생전에 내가 한 가지 일을 행할 것이라 누가 너희에게 말할지라도 너희가 믿지 아니하리라 보라 내가 사납고 성급한 백성 곧 땅이 넓은 곳으로 다니며 자기의 소유가 아닌 거처들을 점령하는 갈대아 사람을 일으켰나니 그들은 두렵고 무서우며 당당함과 위엄이 자기들에게서 나오며 그들의 군마는 표범보다 빠르고 저녁 이리보다 사나우며 그들의 마병은 먼 곳에서부터 빨리 달려오는 마병이라 마치 먹이를 움키려 하는 독수리의 날음과 같으니라 그들은 다 강포를 행하러 오는데 앞을 향하여 나아가며 사람을 사로잡아 모으기를 모래 같이 많이 할 것이요 왕들을 멸시하며 방백을 조소하며 모든 견고한 성들을 비웃고 흉벽을 쌓아 그것을 점령할 것이라 그들은 자기들의 힘을 자기들의 신으로 삼는 자들이라 이에 바람 같이 급히 몰아 지나치게 행하여 범죄하리라

# 4
## 믿음은 하나님의 큰 그림을 믿는 것이다

### 맡김의 시대

돈 댄리(Donald E. Danly)는 친구를 잘 만나서 억만장자가 된 사람이다. 그는 워싱턴에 있는 '우드로 윌슨 고등학교'(Woodrow Wilson High School)에서 한 친구를 만났다. 그리고 자신이 31살이 되던 해에 친구의 투자 조합에 자신의 돈을 맡겼고, 그 결과 억만장자가 되었다.

돈 댄리는 자신의 학창시절 친구를 이렇게 회상했다.

그는 너트에 볼트도 잘 끼워 맞추지 못하던, 기계에는 완전 바보였습니다. 그런데 두 자리 숫자 20개를 암산으로 더할 수 있는 재주가 있었어요. 그리고 그가 고등학교를 졸업하기 전까지 읽은 경제 전문 서적만 100권이 넘을 거예요. 그래서 저는 그 친구가 본격적으로 투자하려는 회사의 주식을 샀습니다. 그리고 아직까지 가지고 있을 뿐입니다.

그는 고등학생이지만 경제 전문 서적을 읽고 있던 자신의 친구를 보며 투자에 확신을 얻었다. 확신은 맡김으로 이어졌고, 그의 선택은 틀리지 않았다. 돈 댄리의 고등학교 친구 이름은 워렌 버핏(Warren Buffett)이다. 그는 맡김 하나로 인생이 달라졌다.

오늘날은 '맡김의 시대'다. 크고 작은 일을 전문가에게 맡긴다. 우리나라에서 자동차가 나오는 초창기 때만 해도 간단한 정비는 집에서 했다. 그러나 이제는 유리창을 닦는 와이퍼 교체도 정비소에 맡기는 사람이 많다. 이전에는 옷을 집에서 직접 만들어 입었다. 그러나 이제는 그렇지 않다.

아내는 내 바지 단을 줄이기 위해 가위를 찾는 것이 아니라 세탁소를 찾는다. 바지 단을 줄이는 것도 수선집에 맡긴다. 전문가 손에 맡기니 더 깔끔하게 수선되어 온다. 전문가에게 맡기면 실수가 없다.

### 믿음은 맡기는 것이다

성도는 하나님께 인생을 맡긴 사람이다. 맡기는 것이 믿음이다. 성도가 문제를 만나면 기도한다. 기도는 문제를 하나님께 맡기는 것이다.

순종이 무엇인가?

하나님께 결과를 맡기는 것이다. 순종이 쉬운 적은 없다. 그래도 성도가 순종하는 이유는 결과를 하나님께 맡기기 때문이다. 하나님은 전쟁을 앞둔 기드온에게 순종을 요구하셨다. 12만 대군과 싸우는 전쟁에 300명의 군사들만 데리고 가라고 말씀하신다. 순종이 필요한 요구다. 기드온은 그 말씀에 순종했다. 전쟁의 결과를 하나님께 맡긴 것이다. 결과를 하나님께 맡기는 것이 순종이다. 하나님께 결과도 맡기고 문제도 맡기는 것, 하나님께 인생을 맡기는 것이 신앙이다.

맡김과 함께 따라오는 것이 있다. '기다림'이다. 맡김은 기다림이다. 옷 수선 하나를 맡겨도 기다려야한다. 차량 정비를 맡겨도 정비공이 일을 마치는 동안 기다려야 한다. 하나님께 삶을 맡긴 사람들의 공통점은 기다림이다. 그들은 하나님의 일하심을 기다린다.

믿음은 기다림이라는 재료 없이 완성되지 않는다. 기다림 없는 믿음은 없다. 아브라함은 이삭을 기다렸고, 광야를 걸어가던 이스라엘 백성은 가나안 땅에 들어가는 순간을 기다렸다. 한나는 사무엘을 기다렸고, 다윗은 기름 부음을 받고도 왕이 될 때까지 오랜 시간을 기다렸다.

그래서 생텍쥐페리는 이렇게 말했다.

> 하나님은 인간을 채찍으로 길들이지 않고 시간으로 길들인다.

어떤 사람이든지, 어떤 일을 할 때든지 기다림은 필요하다. 그러데 쉬운 기다림은 없다. 스쳐 지나가는 3분이라도 컵라면을 기다리는 시간이 되면 힘들어진다. 내용이 뻔한 드라마도 다음 편을 기다리는 것이 힘들다. 기다리는 것이 쉬운 사람은 없다.

기다림은 하나님의 사람도 어렵다. 성도도 기다림은 힘들다. 그러나 초조하지는 않다. 인생을 하나님께 맡겼기 때문이다. 하나님께 인생을 맡기면 기다림의 시간을 초조함으로 보내지 않는다. 오히려 하나님이 가지고 계신 계획을 기대하면서 지낸다. 하나님의 큰 그림을 믿는다.

성도가 기다림의 시간을 기대감으로 채울 수 있는 이유는 하나님의 큰 그림 때문이다. 큰 그림이 기대감을 만든다.

### 하나님의 큰 그림

하박국 선지자가 이스라엘의 문제를 하나님께 들고 나왔을 때 하나님은 바벨론에 대해서 말씀하신다. 이것은 하박국이 생각하지 못한 그림이다. 이해할 수 없다. 하박국은 이스라엘이 잘 되기를 기대했다. 그런데 하나님은 바벨론을 통한 이스라엘의 멸망을 말씀하신다. 차라리 기도하지 말걸 그랬다. 기대하던 응답이 아니다. 그러나 하나님은 하박국의 계획대로 응답하지 않으신다. 더 큰 그림으로 응답하신다.

사역을 하다 보면 관계 속에서 늘 문제를 일으키는 사람을 만날 때가 있다. 소그룹 모임을 할 때마다 다른 사람들과 자주 충돌하는 사람이다. 그 사람의 기도제목은 조금 더 좋은 소그룹에 들어가는 것이다. 마음이 넉넉한 사람들이 많은 소그룹에 편성되는 것이다.

그러나 이것은 문제의 본질을 보지 못한 기도다. 문제의 본질은 넉넉한 공동체가 아니라 넉넉한 자신이다. 이때 하나님의 응답은 거절이다. 새로운 소그룹으로 보내지 않으신다. 오히려 더 많이 부딪히고 아프게 하실 때가 있다. 이것은 문제를 키우려고 하시는 것이 아니다. 문제를 해결하시려는 하나님의 큰 그림이다.

결국 3년간 소그룹에서 아파하더니, 가시가 무디어지고, 다른 사람을 품는 사람이 되었다. 하나님의 작품이 되었다.


## 거절도 응답이다

내 그림밖에 못 보는 사람은 기다림의 시간이 답답한 시간이다. 내 기도는 응답되지 않는다고 느낀다. 그렇지 않다. 큰 그림에서 보면 거절이 응답일 때가 많다. 하나님은 큰 그림을 그리 그 위해 거절로 응답하신다.

요셉의 형들은 요셉을 구덩이에 던져 넣었다.

그때 요셉은 얼마나 기도했겠는가?

'여기서 건져주세요.'

'살려주세요.'

요셉은 눈물을 흘리며 간절히 기도했다. 그때 요셉의 간절한 기도는 거절되었다.

애굽으로 가는 길에도 상인들에게 계속 매달리고 사정했을 것이다. 하나님을 원망하기도 하고 어떻게든 벗어나려고 기도했을 것이다. 그런데 거절되었다.

그렇게 거절의 세월을 지난 요셉은 보디발 장군의 종이 되었고, 또 죄인이 되어 감옥에 갇히게 되었다. 그러나 감옥에 들어가는 순간에도, 그곳에서 지내는 순간에도 '이곳에서 건져달라'는 기도를 잊은 적이 없다. 바로의 술을 맡은 관리의 꿈을 해석해 주고, 요셉이 한 부탁도 나갈 수 있게 도와 달라는 부탁이었다. 요셉은 오랜 세월 기도했지만 그 모든 순간은 거절이었다.

그러나 하나님의 큰 그림 안에서는 모든 거절이 응답이었다. 꿈을 이루어 가는 과정이었다. 큰 그림 속에 이어진 하나님의 거절이 결국 요셉을 총리로 만들었다. 하나님은 거절로 응답하셨다.

하나님의 큰 그림을 생각하는 성도는 거절의 기다림 속에 있는 응답을 본다. 갑상선 암을 수술하신 한 집사님의 고백이다.

"목사님, 저는 암에 걸렸었기 때문에 더 건강하게 살 거예요. 주기적으로 검진하잖아요. 주기적으로 병원 가잖아요."

하나님의 큰 그림을 볼 줄 아는 고백이다. 나는 하나님이 그 집사님의 고백을 받으신다고 확신한다. 눈앞에 문제만 보면 암은 건강에 대한 거절이다. 그러나 큰 그림으로 보면 건강에 대한 응답이다.

### 온전한 회복

하나님은 회복을 위해서도 보다 큰 그림으로 일하신다. 하박국은 이스라엘 백성이 죄에서 돌이키기를 원했다. 신앙이 회복되기를 원했다. 그래서 하나님께 이렇게 기도한다.

'하나님, 이스라엘 안에서 정의가 사라졌습니다. 율법을 지키는 사람이 없습니다. 악인이 의인들을 괴롭히고 있습니다. 하나님, 이 문제를 해결해 주십시오.'

하박국은 하나님께 문제를 들고 와서 간단하게 해결해 주시기를 원했다. 이스라엘의 문제가 종기 같은 작은 문제라고 생각했기 때문이다. 문제가 생겼지만 쉽게 해결될 것이라고 생각했다. 이스라엘이 죄악 속에서 금방 회개하고 회복될 것이라고 기대했다.

그런데 하나님은 좀 더 큰 그림을 가지고 계셨고, 그 큰 그림의 일부를 하박국에게 보여 주셨다. 그 큰 그림은 바벨론이다.

> 보라 내가 사납고 성급한 백성 곧 땅이 넓은 곳으로 다니며 자기의 소유가 아닌 거처들을 점령하는 갈대아 사람(바벨론)을 일으켰나니(합 1:6).

하나님은 이스라엘 백성들의 죄악을 해결하시려고 바벨론이라는 나라를 들어서 이스라엘을 공격하시겠다고 말씀하신다.

하박국 선지자는 하나님이 소독약 몇 번 발라주시면 이스라엘이 회개하고, 그들이 죄에서 떠날 것이라고 생각했다. 주사실 가서 주사 한 대 맞으면 끝날 줄 알았다. 그런데 하나님께서는 '큰 고난이 있을 것이다'라고 말씀하신다. 환자복으로 갈아입으라고 말씀하신다. 이것은 하박국이 전혀 생각하지도 못한 크기의 그림이다.

간음하다 현장에서 붙잡힌 여인의 기도제목은 간음이 들키지 않는 것이었다. 그런데 하나님은 큰 그림 안에서 죄가 들키게 만드신다. 여인은 간음 후에 성전에다 헌금 좀 더 하고, 속죄 제사를 드리고 나면 괜찮을 것이라고 생각했을 것이다. 들키지만 않으면 적당한 아픔도 감수할 수 있다고 생각했는지도 모른다.

하나님의 큰 그림은 반복되는 속죄 제사가 아니다. 죄에서 온전히 떠나는 것이다. 그래서 간음의 현장에서 들키게 하셨다. 그리고 예수님 앞에 나오게 만드셨다. 죄에서 떠날 수 있으면 들키는 것이 축복이다. 들켜서라도 죄에서 떠나는 것이 하나님의 큰 그림이다.

사탄은 우리 문제와 죄가 단순한 종기라고 속삭인다. 한번 강하게 짜내고, 눈물이 찔끔 나도록 호되게 짜고 나면 회복될 것이라고 속삭인다. 그런 후에 적당히 소독약 바르라고 말한다.

그러나 하나님은 우리의 손목을 잡고 수술실로 데려가신다. 우리는 종기라고 생각했는데 하나님은 암이라고 말씀하신다. 어느새 수술 준비를 하고 계신다. 아픔을 감수하고서라도 우리를 치료하신다.

나는 작은 실수라고 생각하는 일이 큰 아픔이 되어 돌아오는 경우가 있다. 작은 잘못에 혹독한 대가를 치르게 될 때가 있다. 하나님께는 과잉 진료란 없다. 하나님의 큰 그림 속에서 꼭 필요한 수술이기에 시작하신다. 하나님이 우리 상처에 칼을 대시는 것은 우리를 아프게 하려는 것이 아니다. 우리를 치료하시려는 하나님의 큰 그림이다.

문제 앞에 넘어지는 이유

하나님의 큰 그림을 보지 못하면 그 시간이 아픔의 시간이다. 슬픔의 시간이다. 견디기 힘들고 버티기 힘들다. 큰 그림을 보지 못하면 넘어질 수밖에 없다.

하버드대학교나 예일대학교 같은 명문대에 들어간 한국 학생 중 두 명에 한 명은 중간에 공부를 포기한다. 또, 하버드에서 낙제하는 동양인들 중에 10명 중 9명은 한국계이다.

하버드대학교 교육 위원회가 그 이유를 조사한 보고서에 이렇게 적혀 있었다.

"그들에게는 장기적인 인생 목표가 없었다."

그저 대학 입학만 목표로 달려가다 보니 인생의 큰 그림이 없다. 큰 그림이 없으면 문제를 돌파하지 못한다. 고난을 이겨 낼 수 없다.

믿지 않는 사람들을 만나 보면 저마다 자기 그림만 보며 산다. 큰 그림을 보지 못한 채 자신이 인생의 전문가라고 생각한다. 요즘 부모들을 보면 자녀 양육의 전문가가 따로 없다. 인터

넷 찾아보고, 책에서 보고, 커뮤니티에서 정보 공유하고. 자신이 전문가답게 잘 키울 수 있다고 생각한다.

전부 자기가 그린 그림이다. 그러니 내 자녀가 뜻대로 안 되면 기다리지 못한다. 내 마음대로 안 되면 짜증부터 나고 화부터 난다. 그러고 나면 스스로 '나는 부모 자격도 없는 사람' 같이 느껴진다. 큰 그림을 보지 못해서 넘어진다.

지금 이스라엘의 상황은 풍전등화, 즉 바람 앞에 등불이다. 이스라엘을 공격하려는 바벨론의 모습을 보면 이스라엘은 한숨밖에 나오지 않는다. 절망의 상황이다.

'그들은 두렵고 무서우며 당당했다. 그들의 말은 표범보다 빠르고, 하루 종일 굶은 늑대보다 잔인했다. 바벨론은 두려운 것이 없었다. 왕들을 무시하고 견고한 성도 비웃는다.'

그러나 현실의 절망은 소망으로 가는 통로다. 큰 그림의 일부일 뿐이다. 하나님은 바벨론을 통해 이스라엘 백성을 심판하시지만, 버리시지는 않는다. 이스라엘은 바벨론에 포로로 잡혀간 후 다시 돌아온다. 회복된다. 하나님의 계획안에서는 심판도 회복의 과정이다. 고난을 이기는 방법은 하나님의 큰 그림을 기대하는 것이다. 큰 그림을 신뢰하면, 고난의 기다림도 기대감으로 채우며 이겨낸다.

하나님을 신뢰하라

그런데 목사인 나도 하나님의 큰 그림은 다 알지 못한다. 나의 삶에 큰 그림을 가지고 계신 것은 아는데, 그 그림을 다 보지는 못한다. 그래서 하나님을 본다. 하나님을 붙든다.

자녀들은, 사탕을 마음껏 먹지 못하게 말리는 부모님을 이해할 수 없다. 장난감과 함께 책을 선물해 주시는 부모님의 마음을 다 알지 못한다. 대신 나를 사랑하시는 부모님을 안다. 나에게 좋은 것을 주시려는 그 사랑을 안다.

베드로는 '사람 낚는 어부'가 무슨 말인지도 몰랐다. 그는 '사람 낚는 어부'에 대한 비전을 보고 예수님을 따른 것이 아니다. 그냥 예수님이 좋았다. 나를 불러 주셔서 그것이 좋았다. 그래서 예수님만 보고 배를 버렸다. 그물을 버렸다. 큰 그림을 본 것이 아니라 큰 그림을 가지고 계신 예수님만 보았다. 큰 그림은 보는 것이 아니라 신뢰하는 것이다.

왜 베드로 같은 포기가 힘든가?

신뢰가 없기 때문이다. 큰 그림을 내가 보고 나서 버리려고 한다. 성도가 고난을 이기는 힘이 여러 가지가 있다. 인내도 있고, 감사도 있다. 그중에서 가장 기본이 되는 것이 신뢰다. 신뢰가 있어야 인내한다. 신뢰가 있어야 고난 중에서도 감사가 나온다.

감기약을 먹으면서 그 약들이 어떻게 작용하는지 성분을 다 알고 먹는 사람은 없다. 항생제가 어떻게 염증을 죽이고, 알레르기 약이 어떻게 재채기를 멈추게 하는지 모른다. 단지 의사의 처방을 신뢰하고, 제약 회사의 광고를 신뢰할 뿐이다.

사탄은 우리에게 하나님이 감기약보다 못하다고 속삭인다.

'다 알고 먹으라. 다 알고 따라가라. 큰 그림이 무엇인지 확신하기 전에는 움직이지 마라. 아무것도 포기하지 마라.'

성도는 큰 그림을 다 보고 순종하는 사람이 아니다. 큰 그림을 신뢰하고 순종하는 사람이다. 큰 그림을 신뢰하기 때문에 기다림이 길어져도 낙심하지 않는다. 성도는 넘어질 때도 좌절하기보다 기도한다. 넘어진 무릎이 기도하는 무릎이 되고, 넘어진 장소가 기도의 장소가 된다. 누구나 크고 작은 실수를 한다. 넘어질 때도 있다. 그러나 하나님의 큰 그림 안에 있으니 소망 있는 삶이 된다.

그러니 자신의 실수와 연약함에도 딱 하루만 슬퍼하면 된다. 딱 하루만 후회하면 된다. 우리의 연약함보다 크신 하나님의 계획이 있기 때문이다. 그래서 성도는 후회의 눈물 대신 회개의 눈물을 흘린다. 과거를 보지 않고, 하나님의 계획을 본다. 지나간 일을 붙들기보다 남은 앞날을 준비한다. 하나님의 그림을 신뢰하기 때문이다.

## 하나님 없는 성공은 실패다

큰 그림을 모르면 준비하지 않는다. 바벨론은 하나님의 그림을 보지 못했다. 자신들의 모습만 보고 있다. 그들은 군사력에 자신이 있었다.

> 당당함과 위엄이 자기들에게서 나오며(합 1:7).
> 그들은 자기들의 힘을 자기들의 신으로 삼는 자들이라(합 1:11).

바벨론은 자신의 힘으로 산다고 생각하고 있으며, "나는 내 힘만 믿는다"라고 말하고 있다. 얼마나 자신감 넘치는 모습인가?

진행하는 있는 일이 다 잘된다. 승승장구하고 있다. 외부의 도움 없이도 잘하고 있다. 하나님이 없이도 문제가 없어 보인다. 자신의 계획 속에서 이 성공이 계속될 것이라고 기대했다. 그러니 미래를 준비할 생각을 하지 않았다.

바벨론에게는 이것이 실패다. 하나님 없이 성공한 것이 실패다. 바벨론이 받은 저주는 '잘되는 것'이다. '승리하는 것'이다. 승리에 취해 모든 것이 자신들의 힘으로 된 것이라 생각한다. 자신의 계획대로 될 것이라고 기대한다. 하나님의 큰 그림을 생각하지 못했다.

### 준비하라

하나님의 큰 그림을 알면 그에 맞게 준비한다. 하나님을 신뢰하는 성도는 기다림의 시간을 헛되이 보내지 않는다. 오히려 준비하는 시간으로 보낸다. 큰 그림을 기대한다는 것은 준비한다는 말이다. 하나님의 그림에 맞게 삶을 준비하는 것이 하나님을 기대하는 것이다.

1967년, 박정희 대통령은 4명의 건설사 대표를 초대한다. 현대, 대림, 삼환기업, 그리고 삼부토건이다. 그 모임에서 박 대통령은 소양강댐 계획을 이야기한다. 그 자리에 참석한 기업 대표들은 전부 생각하고 있었다.

'이 엄청난 계획을 듣고 어떻게 하면 공사에 참여할까?'

'낙찰가는 얼마로 정해질까?'

그러나 당시 현대의 정주영 회장은 달랐다. 회사로 돌아온 그는 다른 임원들을 다 집으로 보내고, 재무 담당자만 불러서 회사에 현금이 얼마나 있는지 물었다. 그리고 최대한 현금 보유를 늘리라고 지시했다.

재무 담당자가 지시를 받고 나간 후 정 회장은 서울 지도를 펼쳤다. 그리고 댐이 건설되고 나면 상습 침수 지역을 벗어나게 될 지역을 지도 위에 그렸다. 이후 그 땅을 집중적으로 매입하기 시작했다. 그 땅이 지금의 압구정동이다. 모두가 댐 건설을 생각하고 있을 때 정 회장은 큰 그림을 보았다. 큰 그림을 본 사람은 다음을 준비한다.

성공만 있는 사람도 없고, 실패만 있는 사람도 없다. 단지 그것을 잊고 사는 사람만 있을 뿐이다. 하나님의 큰 그림을 신뢰하는 성도는 성공도 과정이고 실패도 과정이라는 것을 인정한다. 그리고 다음을 준비한다.

때로는 준비의 시간이 길어질 때도 있다. 실패 과정이 오랜 시간 이어질 때도 있다. 그러면 기다림의 시간이 길어진다. 그만큼 준비가 길어진다는 말이다. 준비가 길면 역사가 크다.

1999년 7월 5일 스위스에서 터널 공사를 시작했다. 이 공사는 10년이 지난 2009년에도 끝나지 않았다. 그 후로부터 다시 7년이 지나 2016년 6월 1일이 되어서야 개통식을 하게 되었다. 무려 17년간의 준비 끝에 완성된 터널이다. 그결과 57.09km가 넘는 세계 최장의 터널이 완성되었다.

17년간 땅을 파던 시간은 버리는 시간이 아니다. 미래가 없는 답답한 시간도 아니다. 최장의 터널을 완성하기 위한 과정의 시간일 뿐이다. 하나님이 성도에게 허락하신 기다림의 시간은 버리는 시간이 아니다. 준비를 위한 훈련 시간이다.

성도의 삶은 하나님의 큰 그림 안에서 움직인다. 그래서 성도는 인생을 하나님께 맡긴다. 큰 그림 안에는 밝은색만 있는 것이 아니라 어두운색도 있다. 아픔의 시간도 있고, 고난의 시간도 있다. 그 시간이 내 생각보다 오랜 기간 지속될 수도 있다. 답답한 기다림의 시간을 지내야 할 때도 있다.

그러나 성도는 기다림의 시간을 초조함으로 보내지 않는다. 하나님의 큰 그림을 신뢰하며 기대감으로 채운다. 성도의 삶은 하나님의 그림 안에 있다.

## 하박국 1장 12-17절

선지자가 이르되 여호와 나의 하나님, 나의 거룩한 이시여 주께서는 만세 전부터 계시지 아니하시니이까 우리가 사망에 이르지 아니하리이다 여호와여 주께서 심판하기 위하여 그들을 두셨나이다 반석이시여 주께서 경계하기 위하여 그들을 세우셨나이다 주께서는 눈이 정결하시므로 악을 차마 보지 못하시며 패역을 차마 보지 못하시거늘 어찌하여 거짓된 자들을 방관하시며 악인이 자기보다 의로운 사람을 삼키는데도 잠잠하시나이까 주께서 어찌하여 사람을 바다의 고기 같게 하시며 다스리는 자 없는 벌레 같게 하시나이까 그가 낚시로 모두 낚으며 그물로 잡으며 투망으로 모으고 그리고는 기뻐하고 즐거워하여 그물에 제사하며 투망 앞에 분향하오니 이는 그것을 힘입어 소득이 풍부하고 먹을 것이 풍성하게 됨이니이다 그가 그물을 떨고는 계속하여 여러 나라를 무자비하게 멸망시키는 것이 옳으니이까

# 5

## 믿음의 별은 고난의 밤에 빛난다

### 오답 인생과 정답 인생

21세기 우물가의 여인은 어떤 모습일까?

최근에 그녀와 비슷한 삶을 살아온 여성에 대한 이야기를 들었다. 결혼해서 사별만 두 번 경험한 40대 초반의 여성이다. 처음 결혼한 남편은 스스로 목숨을 끊었고, 두 번째 결혼한 남편은 젊은 나이에 질병으로 세상을 떠났다. 삶이 참 답답했다. 그러니 사람들을 만나서 술 마시며 사는 것이 유일한 낙이었다.

그러다 '도저히 이렇게 살아서는 안 되겠다'라는 마음에 근처에 있는 교회를 갔다. 그러면서 삶이 달라지기 시작했고, 삶의 방향을 찾게 되었다.

요한복음에 나오는 우물가의 여인 '현대 버전'의 삶이다.

이제는 처음 교회 올 때 모습과 전혀 다른 모습이다. 얼굴색도 달라지고 살아가는 모습도 달라졌다. 예수님 붙들고 사는 삶이 되었다. 인생에 답을 찾았다.

우물가의 여인도 예수님을 만나기 전까지는 삶이 답답하고 힘들었다. 지나간 많은 사람들, 남편들이 답이 되지 않았다. 답을 잘못 찾은 오답 인생이었다.

그러나 예수님을 만나고 정답인생 되었다. 오답을 붙들고 살 때는 방황하는 삶이지만 정답을 붙들고 나니 방향 잡힌 삶이 되었다. 오답 삶은 걱정이었고, 정답 삶은 결정이었다. 하나님 없는 오답은 벽을 만난 삶이었는데, 하나님 붙들고 정답을 알게 되니 벽이 문이 되었다.

### 고난 없는 삶은 없다

사람들은 고난이 없는 삶을 꿈꾼다. 그러나 그건 꿈일 뿐이다. 고난 없는 삶은 없다. 성경에도 예수님이 이 땅에서 '행복한 사람들'을 만났다고 말하지 않는다. '고난 없는 사람들'과 더불어 지냈다고 말하지 않는다. 먹을 것이 없는 이들을 찾아가셨다. 병든 사람들을 찾아가셨다. 심지어 하나밖에 없는 아들이 죽어 그 관과 함께 걷고 있는 과부를 만나주셨다. 특별히 고난 받는 사람들을 더 좋아하신 것이 아니다. 고난 없는 사람이 없기 때문에 고난 중에 있는 사람을 만났을 뿐이다. 성도의 삶 또한 고난을 피할 수 없는 삶이다.

하박국도 고난에 대한 이야기를 들었다. 그것도 너무 황당한 이야기다.

'이스라엘 백성들이 바벨론에게 멸망당할 것이다.'

제가 기도하고 있는데 갑자기 하나님께서 '6개월 후에 우리나라가 일본에게 멸망당할 것이다' 라는 이야기를 한다면 얼마나 황당하겠는가?

'너희 나라 사람들이 다 전쟁포로로 끌려가게 될 것이다.'

이런 이야기를 들으면 납득이 되지 않는다. 지금 하박국이 그런 이야기를 들었다. 더 황당한 것은 바벨론에게 멸망한다는 사실이다. 바벨론은 다른 신을 섬기는 나라인데 말이다. 도저히 이해할 수 없다.

고난이 왜 고난인가?

이해가 안 되기 때문이다. 직장에서 사람들이 아무 이유 없이 나를 괴롭히고, 힘들게 하는 것. 이해가 안 된다. 덜컥 찾아온 질병도 아무리 생각해도 이해가 안 된다. 그래서 고난이다. 고난은 우리의 이해를 기다리지 않는다.

두 번의 사별을 경험한 그 성도도 본인의 삶에 찾아온 어려움을 이해할 수 없었다. 꿈같은 결혼생활이 꿈처럼 사라진 이유도, 다시 힘을 내고 시작한 두 번째 결혼생활 역시 허망하게 사라진 이유도 도저히 납득할 수 없었다. 이해할 수 없는 고난의 삶이었다. 그때 하나님을 붙들었다. 그때부터 답답한 삶이 답이 있는 삶이 되었다. 정답을 발견한 삶이 되었다.

### 흔들리지 않는 삶

정답을 발견한 사람은 더 이상 다른 곳에 기웃거리지 않는다. 우물가의 여인도 예수님을 만나고 삶이 고정되었다. 더 이상 흔들리지 않았다. 두 번의 사별로 인해, 사람을 찾고 술을 찾던 그분도 이제는 하나님께 고정된 삶을 살게 되었다.

반면, 답을 모르면 흔들린다. 확신이 없어서 그렇다. 2010년 3월 10일 고려대학교에는 김예슬 학생의 대자보가 붙었다. '김예슬 선언'이라고 불리는 대자보의 내용은 이렇게 시작한다.

> 오늘 나는 대학을 그만 둔다. 아니, 거부한다! 글로벌 세대로 '빛나거나' 88만 원 세대로 '빛내거나,' 그 양극화의 틈새에서 불안한 줄타기를 하는 20대. 그저 무언가 잘못된 것 같지만 어쩔 수 없다는 불안과 좌절감에 앞만 보고 달려야 하는 20대.
> 경쟁 끝에 대학을 들어왔더니 '취업'이라는 두 번째 관문을 통과시켜 줄 자격증 꾸러미가 보인다. 너의 자격증 앞에 나의 자격증이

우월하고 또 다른 너의 자격증 앞에 나의 자격증이 무력하고, 그리하여 새로운 자격증을 향한 경쟁 질주가 다시 시작될 것이다. 이제야 나는 알아차렸다. 내가 달리고 있는 곳이 끝이 없는 트랙임을. 앞서간다 해도 영원히 초원으로는 도달할 수 없는 트랙임을.

큰 배움도 큰 물음도 없는 '대학'(大學) 없는 대학에서, 나는 누구인지, 왜 사는지, 무엇이 진리인지 물을 수 없었다. 그리하여 오늘 나는 대학을 그만둔다. 아니, 거부한다. 더 많이 쌓기만 하다가 내 삶이 한번 다 꽃피지도 못하고 시들어 버리기 전에.

학비 마련을 위해 고된 노동을 하고 계신 부모님이 눈앞을 가린다. '죄송합니다, 이때를 잃어버리면 평생 나를 찾지 못하고 살 것만 같습니다.' 많은 말들을 눈물로 삼키며 봄이 오는 하늘을 향해 깊고 크게 숨을 쉰다.

남들이 꿈꾸는 고려대학교를 김예슬 학생이 거부한 이유는 내 꿈을 열어줄 답을 대학에서 찾지 못했기 때문이다. 남들이 다 걱정하는 길이라도 본인이 답을 알면 당당하게 간다. 흔들리지 않는다. 그러나 남들은 다 부러워하는 길이라도 본인에게 답이 되지 않으면 그 길을 끝까지 갈 수 없다.

이스라엘 백성이 우상을 섬기고 하나님을 떠난 이유도, 하나님이 삶에 답이 안 된다고 생각했기 때문이다. 농사를 지으려니 하늘만 봐야 된다. 때에 맞게 비가 와야 한다. 그런데 '농사지을 때 하나님이 도움이 될까?'라는 의문이 든다. 하나님을 신뢰할 수 없다.

바알이 좋아서 우상을 섬긴 것이 아니다. 하나님은 농사에 답을 못준다고 생각한 것뿐이다. 신뢰가 없으니 다른 것을 찾는다. 신뢰가 없으면 작은 고난에도 넘어진다.

고난을 통해 신뢰를 확인한다

반면에 하나님이 답이라는 확신이 있으면 오히려 어려울수록 하나님을 붙든다. 굳건한 신뢰는 고난에도 흔들리지 않는다. 오히려 어려움을 만날수록 신뢰가 빛난다. 신뢰가 가장 돋보일 때는 어려울 때다. 망해보면 신뢰가 증명된다.

인도네시아에 직원들로부터 "아버지"라고 불리는 한국 사장이 있다. 송창근 사장이다. 그는 93년부터 인도네시아에서 신발 공장을 시작했다. 그러나 1998년 인도네시아에 IMF 외환위기가 찾아왔다. 외환위기로 인도네시아에서 폭동이 일어났고, 많은 회사들이 구조조정에 들어가거나 철수를 선언했다. 송창근 사장의 회사 역시 나이키의 주문이 끊겨 위태로운 상황이 되었다.

그때 송 사장은 직원들에게 신뢰를 보여주었다.

'내가 문 닫으면 저들은 실업자가 된다.'

'어떻게든 회사를 살려야 한다.'

그래서 4,000여 명의 직원들을 한 곳에 불러놓고 떨리는 목소리로 말했다.

"여러분, 회사가 어렵습니다. 다함께 기도해 주세요. 저는 여러분을 믿고 갑니다. 저와 회사는 여러분만 있으면 할 수 있습니다."

회사가 어려움에 처한 순간 직원들은 사장의 진심을 알 수 있었다. 고난이 오자 송사장의 신뢰는 선명하게 빛난다.

성도의 믿음이 그렇다. '하나님이 답'이라는 굳건한 믿음이 있으면 고난에도 흔들리지 않는다. 오히려 그 믿음이 고난의 상황 속에서 힘을 발휘한다. 고난의 밤에 믿음의 별이 더 빛나게 된다.

믿음 안에는 고백이 있다

고난 중에 믿음의 별이 유난히 빛나는 이유가 있다. 믿음 안에 고백이 들어있기 때문이다. 고백은 경험이다. 내가 경험한 하나님을 붙드는 것이 고백이다. 그러니 고난 속에도 흔들리지 않는다. 오히려 고난의 때에 힘이 된다. 믿음은 고백이 있기 때문에 고난 속에서도 빛난다.

고난에 대한 이야기를 들은 하박국 선지자는 하나님에 대한 신앙고백을 한다.

'하나님은 거룩하신 분이십니다. 태초부터 계신 분이십니다. 반석이십니다.'

고백은 과거의 경험이지만 또한 미래에 대한 소망이다. 고백은 신앙을 단단하게 만든다.

다윗이 시편을 많이 쓴 이유는 고난 때문이다. 고난이 다윗의 삶에 고백을 만들었다. 고난을 만날 때마다 하나님을 향한 고백이 쌓였다. 고백이 쌓이면 견고해진다. 고백이 쌓이면 단단해진다. 골리앗도 물리치신 하나님을 고백하니까, 큰 어려움에도 하나님을 놓치지 않는다. 고백이 있기 때문에 믿음은 고난 속에도 빛난다.

이론은 힘이 없다

사사시대는 고백이 없던 시대다. 사사기 3장 2절에 이스라엘 백성들을 향해 "전쟁을 알지 못하는 자들"이라고 한다. 이제 이스라엘 사람들은 가나안 점령 전쟁을 해보지 않은 사람들이다. 승리의 하나님을 경험해 보지 못했다. 승리의 경험이 없으니 승리의 고백이 없고, 승리 고백이 없는 삶은 승리할 힘도 없다.

그들에게 이제 승리는 고백이 아니라 이론이 되었다. 힘이 없는 신앙의 특징은 고백 대신 이론이 있는 신앙이다.

'하나님은 이런 분이야, 하나님은 저런 분이야.'

알고만 있는 것은 힘이 없다.

한 사람이 집과 옷에 벼룩이 너무 많아서 어떻게 해야 하나 고민하던 중에 저자거리에서 벼룩을 없애는 비방을 팔고 있는 것을 보았다. 그래서 돈을 주고 그 비방이 적힌 종이를 샀다. 그리고는 집으로 돌아와 적힌 종이를 펼쳐 보니 그 안에 두 글자가 적혀 있었다.

"근착"(勤捉, 부지런히 잡아라).

대단한 비방을 기대했는데 그냥 잡으라는 내용뿐이었다.

나는 그 비방을 판 사람을 사기꾼이라고 생각하지 않는다. 그 사람은 부지런히 잡으니까 벼룩이 없어졌다. 해보니까 되었다. 경험이다. 그 사람에게는 "근착"이 고백이다. 그런데 동일하게 "근착"이라는 글자를 봐도 돈 주고 사온 사람에게 그것은 이론이다. 보고만 있으면 이론이다.

교인들은 힘들고 어려운 일이 있으면 목회자를 찾아온다. 그러면 이런저런 대화를 하고 목회자가 결론적으로 권면한다.

"기도하시면 됩니다."

기도의 힘을 아는 사람은 기도가 고백이다. 그런데 기도 응답을 경험해 보지 못한 사람은 기도가 이론이다. 기도가 고백인 사람은 기도만큼 힘 있는 것이 없는데, 기도가 이론인 사람은 기도만큼 힘든 게 없다.

어릴 때부터 함께 신앙생활을 한 친구 집사가 늘 학생들과 청년들에게 강조하는 말이 있다.

'예배의 성공이 인생의 성공이다.'

'예배에 성공하는 인생이 성공한다.'

다음세대 아이들을 볼 때마다 강조한다. 그 말을 듣는 학생, 청년들에게 이 말은 이론일 수 있지만, 그 친구에게는 이론이 아니라 고백이다. 자신이 누리는 하나님의 은혜의 통로를 예배라고 생각한다. 그러니 전날 밤샘 근무를 하고 야근을 해도 주일은 무조건 지킨다. 마지못해 자리만 지키는 것이 아니라 초롱초롱 눈빛으로 예배하고, 교사로도 섬긴다. 예배가 이론이 아니라 고백이라서 그렇다.

하박국이 고백한 것처럼 하나님은 "거룩한" 분이다. "강하신" 분이다. 아무리 많이 알고 있어도 내가 경험해 보지 못한 이론이면 힘이 없다. 힘들고 어려울 때 이론 붙들고 버티는 사람은 없다. 신앙이 이론에 그치면 답답한 일이 있을 때 하나님 붙들 수 없다.

성경에서 이론으로 신앙생활 한 가장 대표적인 사람이 요나다. 하나님은 요나에게 니느웨로 가서 말씀을 전하라 하셨다. 그러나 요나는 배를 타고 정반대 쪽으로 도망간다. 신앙이 이론이라서 그렇다. 나중에 자신의 입으로 이렇게 말한다.

나는 바다와 육지를 지으신 하나님을 경외하는 사람이다
(욘 1:9).

얼마나 이론적인가? 하나님을 바다를 지으신 분으로 고백하면서 하나님을 피해서 배 타고 도망간다. 고백이 없으면 신뢰도 없고 순종도 없다.
'하나님은 주님이십니다.'
이 고백이 이론인 사람은 하나님을 따를 생각이 없다.
'하나님이 창조주이십니다.'
이것이 이론이면 신앙에 힘이 없다.
한국교회에는 많은 성경공부가 있다. 그런데 힘이 있는 신앙은 많지 않다. 신앙은 연필로 아는 것이 아니라 삶으로 아는 것이다. 연필로만 배운 신앙은 손과 발에서 드러나지 않고 머리와 입에서만 나타난다. 고난을 만나면 빛을 잃어버린다.
요나를 보면 말은 정말 잘한다. 이후에 니느웨까지 가서 하나님의 말씀을 전한다. 그러자 니느웨가 회개하고, 하나님이 용서해 주셨다. 그러자 요나가 하나님께 화를 낸다.
"하나님은 은혜롭고 자비로우시고 노하기를 더디 하시는 분인 줄 알고 있었습니다."

하나님이 그런 분인 줄 알면 요나도 사랑해야 했다. 하나님이 용서하시는 분인 줄 알면 이스라엘도 회개했어야 한다. 신앙이 이론적이니까 나에게 적용하지 않는다. 전부 남에게 적용한다. 나랑은 상관없는 이야기가 된다.

고백은 실천으로 완성된다

믿음에 고백이 들어있지 않으면 힘이 없다. 그러니 고난의 바람이 조금만 불어도 시험 든다.

중국 고전 장자에 보면 용 잡는 이야기가 나온다.

주평만이라는 똑똑한 사람이 더 똑똑한 지리익이라는 사람에게 용 잡는 법을 배웠다. 전 재산을 다 털어 넣으며 열심히 배웠더니, 삼 년 만에 용을 잡을 수 있게 됐다. 그러나 그 기술을 쓸데가 없었다.

용 잡는 법을 배웠는데 잡을 용이 없었다. 그러니 그 기술이 실생활에 필요없게 됐다. 활용할 일이 없기 때문이다.

기도에 대해서 많이 배워도 기도가 없으면 소용이 없다.

'기도는 내려놓는 것이다. 기도는 하나님의 음성을 듣는 것이다'라고 많이 배웠다. 그런데 기도 생활이 없으면 소용이 없다. 오히려 부담스럽다. 실천 없는 이론은 많을수록 무거워진다.

실천해야 고백이 된다. 제자들 중에서 물 위를 걸어본 제자는 딱 한 사람, 베드로다. 예수님이 물위를 걸어오시는 것을 보고 자신도 걸어 보고 싶다고 말했다. 그래서 혼자 걸었다. 그때 베드로 말고도 다른 제자가 많았다. 그런데 해보겠다고 말한 베드로만 걸었다. 보고만 있지 않았다. 도전했고, 경험했다.

베드로에게는 예수님이 감격이고 능력이다. 베드로에게 예수님이 누구냐고 물어 보면 그때 나오는 모든 말은 이론이 아니다. 고백이다. 고난이 올 때마다 넘어지는 신앙은 이론 신앙이다. 실천이 없는 신앙이다.

신앙의 점프를 위해서는 기도회에 나와서 함께 기도하고, 함께 헌신하고, 실천이 따라야 한다. 그때 이론으로 알던 기도 응답을 경험하고, 이론으로 알던 사랑을 실천할 수 있다. 이론 신앙이 고백 신앙이 된다.

이 고백이 있으면 고난도 이긴다. 고난을 피하려는 삶이 아니라 찾아오는 고난을 이겨내는 삶이 될 수 있다. 고난 속에서 넘어지지 않고 빛나는 신앙이 될 수 있다.

### 깨어짐을 통한 성장

또한 하나님이 정답이라고 고백하는 믿음은 고난을 허락하신 하나님도 신뢰한다. 고난도 나에게 필요한 것이기에 주셨다는 것을 인정한다. 고난이 성장의 거름이라는 것을 받아들인다. 그래서 고난을 피하지 않는다. 오히려 고난 속에서도 하나님을 향한 믿음을 빛낸다.

하나님 안에 있는 고난은 성장이다. 우리를 깨어지게 하기 때문이다. 하나님 앞에서 깨어짐이 성장이다. 하박국의 기도는 이스라엘이 깨어지는 것에 대한 안타까움이다.

> '하나님, 의로운 자들과 이스라엘 백성이 삼켜집니다. 바벨론은 낚시로 고기를 잡듯이, 그물로 싹 잡아들이듯이, 이스라엘을 잡아 모읍니다. 무자비하게 멸망시킵니다.'

요나는 깨어짐을 이야기하고 아파하지만, 이스라엘에게 필요한 것은 깨어짐이다.

우리는 깨지지 않고도 변화될 수 있다고 말한다. 깨지지 않고도 성장할 수 있다고 말한다. 그런데 하나님은 깨어짐을 허락하신다. 피하지 않고 당하게 하신다. 그 시간을 통과해야 변화되고 성장하기 때문이다.

사람은 깨어지지 않으면 성장하지 않는다. 노아에게는 마른 하늘 아래서 모든 시간을 투자해 배를 만들며 사람들의 조롱을 받던 시간이 깨어짐의 시간이었다. 아브라함에게는 이삭을 기다리고 이삭을 바치는 시간이 깨어짐의 시간이고, 이삭에게는 우물을 양보하는 시간이 깨어짐의 시간이고, 요셉에게는 감옥에 있던 시간이 깨어짐의 시간이었다. 그리고 그 깨어짐이 성장을 만들었다.

심리학자들은 이것을 '회복 탄력성'이라고 말한다. 사람은 고난 덕분에 더 강하게 뛰어오르게 된다는 말이다. 고난은 힘들게 하는 걸림돌이 아니라, 성장을 만들어 주는 디딤돌이 된다. 따라서 성도는 "때문에"로 살지 않고 "덕분에"로 산다.

나를 힘들게 하는 남편 "때문에" 신앙생활을 멈추는 것이 아니라, 나를 힘들게 하는 가족 "덕분에" 기도의 자리를 지키는 것이다. 나른 힘들게 하는 사람 '때문에' 미움이 생기는 것이 아니다. 그 사람 '덕분에' 사랑을 훈련하게 된다. 성도는 고난이 덕분임을 볼 수 있는 눈이 있다.

바벨론의 공격을 받은 이스라엘은 멸망당한다. 심지어 하나님의 성전인 예루살렘 성전까지 불에 타 없어진다. 생각하는 그 이상으로 고난이 찾아온다. 고난은 우리의 말을 듣지 않는다. 우리는 여기까지만 아팠으면 좋겠는데, 아픔은 더 깊게 들어온다. 우리는 발하고 다리만 젖었으면 좋겠는데, 고난이라는 파도는 기어이 우리의 어깨와 머리까지 적신다.

하나님이 이렇게 한계를 넘어서는 고난을 허락하시는 이유가 있다. 그래야 다시 반등할 수 있기 때문이다. 바닥을 찍어야 다시 올라간다. 완전히 깨져야 더 크게 성장한다. 예루살렘 성전이 무너지고 포로로 잡혀간 덕분에 이스라엘의 신앙이 살아난다. 우상을 섬기던 신앙이 무너지고 새로운 신앙이 일어난다.

고난은 멈추게 하는 것이 아니라 자라게 하는 것이다. 고난은 결말이 아니라 성장하게 하는 과정이다. 성도가 고난을 견딜 수 있는 이유는 긍정의 힘이 아니다. 과정의 힘이다. 성도는 깨어짐이 성장해 나가는 과정임을 인정한다. 그러니 고난 때문에 믿음을 버리지 않는다. 오히려 고난 속에서 믿음이 더 크게 빛난다. 고난을 통해서도 성장하기 때문이다.

삶에서 고난의 과정을 지날 때가 있다. 가정에서 직장에서, 가장 사랑하는 가족과의 관계가 이 고난의 과정인 사람들이 있다. 그 고난의 과정은 우리를 사장시키는 시간이 아니다. 성장시키는 시간이다. 이 모든 과정이 끝나는 순간 우리는 전혀 새로운 모습으로 성장할 것이다. 하나님의 손이 그렇게 만들어 주실 것이다. 고난 덕분에 더 단단해질 것이다. 그 덕분에 더 싱싱해질 것이다. 그 덕분에 지금 기도하고 있는 것이다.

고난이 경쟁력이다

그래서 성도에게는 고난도 경쟁력이다. 고난을 통해 성장하고 고난을 통해 자신을 돌아보기 때문이다. 사람들은 자신을 잘 돌아보지 않는다.

철학자 세네카의 말이다.

집에서 가장 만나보기 어려운 사람은 다름 아닌 자기 자신이다.

고난은 거울이 되어 자신을 돌아보게 만든다. 많은 이들이 큰 질병을 만나면 삶이 달라진다. 큰 어려움을 겪은 후에 인생의 방향을 전환한다. 고난을 통해 지난 삶을 돌아보는 기회가 되었기 때문이다. 고난을 만나면 그동안의 삶을 돌아보고, 앞으로의 길도 되새겨 본다.

천재 조각가 미켈란젤로에게 사람들이 물었다.

"어떻게 투박한 대리석으로 이렇게 아름다운 작품을 조각할 수 있었습니까?"

그때 미켈란젤로는 이렇게 대답했다.

"저는 대리석 안에 들어있는 천사를 보았고, 천사가 아닌 것을 그냥 깎아 냈을 뿐이다."

하나님은 조각가다. 하나님은 우리 속에 있는 하나님의 형상을 보시고, 그것이 드러나도록 깎고 계신다. 그래서 성장은 아프다. 깨어짐의 고통이 있다. 이 조각의 과정을 사람들은 '고난'이라고 부른다. 고난이 올 때마다 나에게 불필요한 돌이 무엇인가 보고, 그것이 떨어져 나가는 과정을 경험하기 바란다.

하나님의 조각에는 절대 실수가 없으시다. 그래서 딱 불필요한 교만만 떨어져 나갈 것이고, 불필요한 죄악만 떨어져 나갈 것이다. 그리고 그 고난 덕분에 우리는 예수 그리스도를 닮은 신앙인으로 완성될 것이다. 이 아픈 조각의 과정을 통해 우리는 완성되어 갈 것이다. 그래서 고난을 만나도 더욱 빛나는 믿음을 증명해 낼 것이다.

우리에게 영광의 아침이 있다면 고난의 밤도 있다. 그때 성도는 믿음을 증명하는 사람이다. 우리의 믿음은 이론이 아니라 고백이기 때문이다. 또한 고난이 성장의 거름이 되어 더욱 빛나는 믿음을 만들어 낼 것이다. 성도가 만난 고난은 우리의 믿음을 빛나게 해주는 배경이 될 뿐이다. 고난의 밤을 통해 우리 믿음은 더욱 빛나게 될 것이다.

"고난은 멈추게 하는 것이 아니라 자라게 하는 것이다."

**하박국 2장 1-3절**

내가 내 파수하는 곳에 서며 성루에 서리라 그가 내게 무엇이라 말씀하실는지 기다리고 바라보며 나의 질문에 대하여 어떻게 대답하실는지 보리라 하였더니 여호와께서 내게 대답하여 이르시되 너는 이 묵시를 기록하여 판에 명백히 새기되 달려가면서도 읽을 수 있게 하라 이 묵시는 정한 때가 있나니 그 종말이 속히 이르겠고 결코 거짓되지 아니하리라 비록 더딜지라도 기다리라 지체되지 않고 반드시 응하리라

# 6

## 하나님 대답을 듣고 싶어요

**프로와 포로**

프로와 포로의 공통점이 있다. 하기 싫은 일이 있어도 해야 하는 것이다.

프로의 특징은 성실이다. 운동하기 싫은 날에도 내가 정한 운동은 꼭 한다. 기분에 따라 생활하지 않는다. 기준에 따라 생활한다. 그래서 하기 싫은 것도 한다.

포로의 특징도 성실이다. 정해진 시간에 일어나고, 정해진 시간에 먹어야 한다. 노역이 정해지면 싫어도 해야 한다. 날이 좋아서, 날이 좋지 않아서, 날이 적당해서 모든 날에 싫어도 한다.

그러나 프로와 포로는 다르다. 자기 뜻으로 행동하는가, 남의 뜻으로 행동하는가의 차이다. 프로가 하는 고생은 내가 선택한 고생이다. 내가 뜻을 정해서 땀 흘리고, 손에 피가 나도록 노력하는 것도 내가 정한 뜻이다. 포로는 그렇지 않다. 쉬는 것도 내 뜻과 상관없고, 자는 것도 내 의지와 상관없이 누워야 한다.

내가 무엇을 해야 하는지 모르는 사람은 포로로 사는 사람이다. 분명한 뜻이 없으니 다른 사람의 뜻에 이끌려 간다. 대세에 이끌려 간다.

니체는 "자신에게 명령하지 못하는 사람은 남의 명령을 들을 수밖에 없다"라고 말했다. 프로의 삶을 살지 못하면 포로의 삶을 산다는 말이다.

하나님은 성도가 죄에 이끌려 다니지 않기를 원하신다. 그래서 하나님의 뜻을 알려 주신다. 그 뜻 붙들고 죄에 포로가 되지 말라는 뜻이다.

### 기적보다 중요한 하나님의 뜻

출애굽 과정을 보아도 그렇다. 하나님은 이스라엘 백성을 건져 내신 후에 시내산에서 율법을 주셨다. 하나님의 뜻을 먼저 알려주신 것이다. 광야에서 제일 중요한 일은 만나를 먹은 것도 아니고 반석에서 물이 나오는 것도 아니다. 하나님의 말씀을 받은 것이다.

그래서 모세 오경은 레위기를 중심으로 둘로 나뉜다. 시내 산으로 가는 여정과 시내 산에서 출발한 여정이다. 하나님의 뜻을 아는 것이 중심이다. 애굽에서 나온 것이 해방이 아니다. 하나님의 뜻을 모르면 여전히 노예다. 하나님의 뜻을 알아야 진짜 해방이다.

교회는 기적을 보고, 기적을 체험하러 오는 곳이 아니다. 하나님의 뜻을 알려고 오는 곳이다. 믿음은 기적을 보는 것이 아니라 기적 속에 있는 하나님의 뜻을 보는 것이다.

기적만 보면 오히려 하나님과 멀어진다. 예수님은 많은 기적을 행하셨다. 그때마다 사람들은 예수님을 따랐다. 신기하고 좋았다. 특히 물고기 두 마리와 떡 다섯 개로 수많은 사람이 먹게 되자 예수님의 인기는 절정에 올랐다. 기적을 보았다. 필요가 채워졌다. 놀라움에 눈이 휘둥그레졌다.

사람들은 자기들이 원하는 일을 기적적으로 해결해 주시는 예수님이 좋았다. '저런 분이 왕이 되어야 한다'고 생각했다. 그런데 실상은 먹는 것에 눈이 어두워졌다. 기적만 보느라 중요한 걸 놓쳤다. 예수님이 떠나신 걸 알지 못했다. 하나님이 어떤 분인지, 그분의 뜻이 무엇인지에 관심이 없으면 기적도 믿음의 걸림돌이 된다. 하나님과 멀어지게 된다.

## 하나님의 대답이 필요하다

그래서 성도는 '문제를 해결해 주세요'라고 기도하기 전에

'문제 속에 있는 하나님 뜻은 무엇인가요?'라고 기도한다. 문제 해결보다 하나님 대답을 먼저 들으려 한다. 그러니 어려울 때만 기도하지 않는다. 승승장구할 때도 기도한다. 문제가 있어도 기도하지만 문제가 없어도 기도한다. 하나님의 대답을 듣기 위해서다.

삶은 파도와 같다. 문제가 밀려오기도 하고, 어느 순간에 사라지기도 한다. 우리 힘으로 막을 수 없다. 그때 하나님의 대답을 들어야 길을 찾는다.

하박국도 고난에 대한 이야기를 들었다. 그때 하나님의 대답을 듣기 원했다. 문제 해결 이전에 하나님 목소리에 귀를 기울였다. 그리고 하나님의 대답을 들었다. 답을 찾았다.

요즘은 어느 때보다 하나님의 대답이 필요한 시대다.

우리도 하나님의 대답을 듣고 답을 찾는 인생이 되어야 하지 않겠는가? 하나님 대답을 듣기 위해서 필요한 것이 무엇인가?

## 집중해야 들린다

먼저 하나님에게 집중하는 것이다. 하나님에게 집중할 때 대답을 듣는다. 하박국은 답답한 일을 만나자 하나님과 가까운 곳으로 올라갔다. 병사들이 보초를 서는 초소 위로 올라갔고, 망대 위에 올라갔다. 하나님께 집중하기 위해 조금이라도 더 높은 곳으로 올라갔다. 사람들이 많은 곳으로 가지 않았다. 광장으로 가지 않았다. 하나님에게 집중했다.

하나님은 왜 모세를 미디안 광야로 도망가게 하셨을까?

그를 외롭게 만들기 위해서다. 모세가 여전히 왕궁에 있었다면, 떨기나무 따위에는 집중하지 않았을 것이다. 그러나 오랜 시간 광야에 있으면서 바람 소리만 들었다. 대화할 사람이 없어 양들에게 말을 걸었다. 혼자라는 생각에 한없이 외로웠다. 그래서 작은 변화에도 민감해졌다. 집중력이 생겼다.

사람들이 도움이 안 된다는 생각이 드는가? 민감하게 만들려는 하나님의 뜻이 있다. 외로움은 하나님에게만 집중하게 만들려는 하나님의 초청이다.

교회들마다 '못 들은 광고 법칙'이 존재한다.

"목사님 못 들었어요."

"언제 말씀하셨어요?"

주보에 있는 교회 소식을 말해주고, 알려주지만 다음주가 되면 못 들었다는 사람이 꼭 한 명은 나온다. 광고시간이 중요한 시간이라고 생각하지 않기 때문이다. 자신도 모르게 집중하지 못하고 산만해진다. 앞에서 여러 번 강조해도 변하지 않는다. 집중하지 않으니 들리지 않는다.

당당한 요구

하나님에게 집중하는 사람이 대답을 듣는 이유가 있다. 하나님 앞에 당당하기 때문이다. 하박국은 하나님의 대답을 당당하게 요구한다.

"나의 질문에 어떻게 대답하실는지 보리라."

'저는 하나님 앞으로 나왔습니다. 그러니 하나님이 대답해 주셔야 합니다'라는 뜻이다. 하박국은 하나님이 대답하셔야 한다고 요구한다. 다른 곳을 보지 않는 사람만이 가지는 당당함이다. 부부는 배우자에게 집중하고 있을 때 당당해진다. 부정을 저지른 사람은 당당함이 없다. 큰소리를 쳐도 당당이 아닌 회피를 위함이다. 상황을 모면하려는 비겁함일 뿐이다.

하나님에게 집중하는 성도는 당당하게 말한다. 다른 곳 보지 않으니, 하나님께 당당하게 답을 요구한다. 바울도 어려움이 찾아올 때 오로지 하나님만 보았다. 그래서 문제를 들고 하나님 앞에 당당하게 요청한다. 질병을 가지고 세 번이나 기도했다는 말은 하나님에게 당당하게 요구했다는 말이다.

"치료해 주세요, 한 번."

"치료해 주세요, 두 번."

"치료해 주세요, 세 번."

이런 말이 아니다. 세 번이라는 말은 할 만큼 다 해봤다는 의

미다. 하나님 앞에 당당하게 치료를 요구했다. 자신이 할 수 있는 한 간절히 기도했다.

'하나님, 저 사역도 해야 합니다. 말씀도 전해야 합니다. 돌에 맞는 것도 힘든데, 이건 좀 치료해주세요. 사람이 던지는 돌은 피하지 않을 테니, 이 질병은 치료하여 주세요. 사명을 감당하는데 질병 때문에 발목 잡히지는 않아야죠.'

하나님에게만 집중하고 있으니 하나님에게 당당했다. 그 당당함의 끝에 치료하시지 않는 것이 응답이라는 것을 알게 되었다.

당당하게 물러서지 말아야 들을 수 있는 대답이 있다. 하나님께 당당하게 요구하지 않고 그냥 포기해 버리는 것은 온유한 신앙이 아니다. 하나님에 대한 확신이 없는 것이다. 하나님께만 답이 있다고 확신하는 사람은 먼저 하나님께 와서 따진다. 당당하게 대답을 기대한다.

하나님 앞에 요구하지 않는 사람들이 꼭 사람들 찾아와서 요구한다. 하박국은 왕을 찾아가지 않았다. 왕에게 "당신이 이 문제를 해결하시오"라고 말하지 않았다. 사람들을 모아서 여론을 형성하지도 않았다. 단지 하나님에게 집중했다.

부러움에 흔들리지 않는다

확신이 있으면 상황에 흔들리지 않는다. 지금 찾아오는 어려움에도 포기하지 않는다.

신앙생활 재미있을 때가 언제인가? 한 번 순종했더니 기도가 응답되고, 헌신했더니 갑절의 축복을 받을 때다. 승승장구할 때다. 소유가 늘어날 때다.

그런데 현실은 그렇지 않다. 승승장구는 바벨론의 모습이다. 바벨론은 많이 가져서 떵떵거리고 있다. 백전백승, 위풍당당, 파죽지세 모두 바벨론의 모습이다. 반면 남 유다의 모습은 의기소침, 전전긍긍, 사면초가다. 어찌할 바를 몰라 걱정하고, 염려하고, 답답한 마음에 하늘만 보고 한숨지을 뿐이다.

성도의 삶도 이스라엘 같을 때가 많다. 정직을 지켰더니 손해가 찾아오고, 거룩을 지켰더니 융통성 없다는 말을 듣는다. 순종하는 재미도 없고, 헌신하는 맛도 없다. 그래서 하나님과 관계없이도 성공하는, 잘나가는 바벨론이 부럽다. 교회 안 다니고도 자식들 좋은 대학가고, 노후 준비 잘한 동창생이 부럽다.

언제 이런 부러움이 찾아오나?

내가 가진 것이 초라하게 보일 때다. 내가 가진 것에 대한 확신이 흔들릴 때다. 내 것이 가치 없다고 생각하면 남에 것에 기웃거린다. 가치를 모르면 눈치를 본다.

모세는 바로 왕의 권세를 두려워하지도 않았지만 부러워하지도 않았다. 하나님에 대한 확신이 있어서 그렇다. 믿음의 가치를 알면 세상 눈치 보지 않는다. 세상에 눈 돌리지 않고, 하나님에게 집중한다. 확신이 집중력을 만든다.

믿음은 망부석 되기다

그래서 믿음은 망부석 되기다. 하나님에게만 집중하다 거짓이 녹슬고, 욕심이 무디어져, 더 이상 다른 곳에 눈 돌리지 않고, 하나님만 보면서 망부석이 되는 것이 믿음이다.

경남 치술령에는 망부석이 하나 있다. 신라시대 박제상의 부인 이야기가 얽힌 바위다. 신라 시대 때, 박제상은 지금의 일본, 당시 왜나라로 건너가야 했다. 잡혀간 신라의 왕자를 구하기 위해서다. 박제상은 그곳으로 건너가서 죽임을 당했다. 돌아오지 못했다. 박제상의 아내는 남편이 돌아오기만을 기다리며 저 멀리 대마도가 보이는 치술령고개에 올라갔다. 그곳에서 이제나저제나 오려나 서성이다 그대로 돌이 되었단다.

성도는 하나님에 대한 확신을 삶으로 증명한다. 세상에 기웃거리지 않고 하나님 앞에만 선다. 하나님에게 집중하는 망부석의 삶을 산다. 누가 뭐래도 '우리 하나님이 말씀하신다,' 누가 뭐래도 '하나님이 역사하신다' 생각하면서 하나님만 기대한다.

신앙의 가치를 알기 때문이다. 하나님에게 집중한다.

롯의 아내는 소유에 대한 미련을 버리지 못했다. 세상 것만 보다 소금기둥이 되었다. 욕심을 향해 굳어버렸다. 욕심의 망부석, 미련과 욕심이 남아 세상을 보는 망부석으로 굳어버렸다.

여러 가지 어려움이 찾아올 때 하나님의 대답을 들으려면 하나님만 보아야 한다. 다른 곳 보지 않고 하나님에게만 집중해야 한다. 믿음의 망부석이다. 기도 자리 묵묵히 지키는 것이 망부석이다.

기도가 한 번에 응답되는가? 안 될 때가 더 많다. 그때 하나님만 바라보는 것, 그것이 자리를 지키는 거다. 그래야 하나님 대답이 들린다.

### '나'에게 하시는 말씀

많은 사람들이 하나님의 대답이 들리지 않는다고 말한다. 숨겨져 있다고 말한다. 그렇지 않다. 단지 내 이야기로 듣지 않아서 그렇다. 말씀을 남 이야기로 듣고 있다. '나' 들으라고 뜻을 알려주시는데, '너' 들으라고 말씀하시는 뜻이라 생각한다. 말씀을 흘려듣는다. 그러니 나를 향한 뜻은 들리지 않는다.

그래서 하나님의 대답을 듣는 두 번째 방법은 나를 향한 말씀으로 듣는 것이다. 나를 향한 말씀으로 들으면 하나님의 대답이 들린다.

하박국은 하나님의 말씀을 나에게 하시는 말씀으로 들었다.

1절에 "내게 무엇이라 말씀하실는지 기다린다"는 말씀을 좀 더 정확하게 번역하면 '내 안에서 무엇이라고 말씀하실지 기다린다'가 된다. 이것은 선지자들이 일반적으로 쓰는 표현이 아니다. 대부분 선지자들은 '나에게 말씀하신다'라고 표현한다.

'누구누구에게'라는 히브리어는 '레'라는 단어이다. '나에게'라는 히브리어 단어는 '레이'이다. 그래서 보통 선지자들은 '다바르 레이'라고 말한다. '다바르'는 말씀이다. '다바르 레이' '나에게 말씀하신다'이다.

그런데 하박국은 여기에서 아주 독특하게 '다바르 베이'라고 말한다. '베'는 '-안에'라는 뜻이다. '베이'는 '내 안에서'라는 뜻이다. 결국 '다바르 베이'는 '내 속에서 말씀하신다'라는 말이다.

그래서 하박국은 "하나님께서 내 안에서 말씀을 주실 때까지 기다리겠다"라고 말하는 것이다. 하박국은 하나님께서 내 안에 말씀하신다는 확신을 가지고 있다. 다른 사람이 아니다. 나에게 하시는 말씀이다. 내 말씀이 아니라고 생각하면 하나님 대답을 듣지 못한다. 들어도 대답인지 모른다.

목회를 하면서 여러 사람을 만난다. 그중에 가장 안 변하는 사람이 남을 위해 은혜 받는 사람이다. 남편을 대신해서 은혜를 받아준다.

'오늘 말씀은 내 남편을 위한 말씀이야.'

남편은 옆에서 말씀 잘 듣고 있는데 혼자 대신해서 은혜를 받아준다. 자녀를 위해서도 대신 은혜를 받는다.

'이 말씀을 우리 아이가 듣고 달라졌으면 좋겠다.'

남을 위해 은혜 받아주느라 자신은 은혜를 받지 못한다.

기업 내 커뮤니케이션 컨설팅을 하는 한스컨설팅 대표 한근태 사장은 기업 컨설팅 강의에 참석한 사람들의 직급만 봐도 회사의 상태가 보인다고 말한다. 그의 말에 의하면 사장부터 팀장은 물론 말단 직원까지 강의에 참석하는 회사는 의식이 트인 회사다. 대부분 사장들은 교육 현장에 와서 인사만 하고 나가버린다. '나는 괜찮으니 너희들만 잘 들으면 된다'는 의식이다. 이런 회사는 답을 찾기 힘들다.

답이 있는 회사는 사장부터 강의에 집중한다. 여러 사람 앞에서 하는 강의인데 강사와 둘만 있는 것처럼 집중해서 듣고 꼼꼼히 메모한다. 강의를 대화처럼 듣는다.

### 연설이 아닌 대화다

말씀은 강의도 아니고 연설도 아닌 대화다. '다' 들으라고 말씀하시는 것이 아니라 '나' 들으라고 하시는 말씀이다. 우리를 앞에 앉혀 놓고 '나'에게 말씀하시는 하나님의 대화다. 김 집사님에게는 김 집사님 들으라고, 박 집사님에게는 박 집사님 들으라고 '1 대 1' 대화로 말씀해 주신다.

여호수아와 갈렙은 기적을 나를 위한 사건으로 받아들였다. 광야를 인도해 주신 기적, 출애굽의 기적, 홍해 사건 모두 나를 위해 하신 일이고, 이스라엘을 위해 하신 일이라고 받아들였다. 그러니 가나안 땅에 거인들을 보고도 당당하다. 모두가 "우리는 메뚜기다"라고 보고할 때, 여호수아와 갈렙은 "이길 수 있다. 그들은 우리의 밥이다"라고 외쳤다. 광야의 기적이 '너는 나만 믿으면 된다'라는 하나님의 대화임을 알아서 그렇다. 나를 앉혀 놓고 하나하나 설명해 주신 나를 위한 약속임을 알아서 그렇다. 나머지 10명은 하나님의 기적을 보고도, '나를 위해 일하신 역사다'라는 확신이 없었다.

목회를 하다 보면 하나님께서 성도들을 향한 뜻과 계획을 목회자에게 보여주실 때가 있다. 그 성도 주변에서 일어나는 일들과 역사들을 통해 하나님이 말씀하고 계시다는 것이 선명하게 보일 때가 있다. 그런데 안타까운 것은 당사자는 그것을 보지 못한다. 느끼지도 깨닫지도 못한다. 하나님이 내 삶을 통해 자신에게 말씀하신다는 마음이 없어서 그렇다.

하나님이 내 속에 말씀하신다는 것을 아는 성도는 삶의 태도가 다르다. 출근 시간에 딱 맞춰 도착한 버스도, 나를 향한 하나님의 기적이다. 아침에 읽은 한 구절의 말씀을 통해서도 오늘 하루 삶의 방향성을 발견한다. 여호수아와 갈렙 같은 삶이다.

반면 하나님께서 내 삶에 말씀하신다는 생각이 없으면, 큰 기적에도 무덤덤하다. 큰 실수가 오히려 기회가 된 상황에서도 하나님께 감사하지 않는다. 단지 운이 좋을 뿐이고, 우연일 뿐이다. 그러니 오늘 하루, 나를 향한 하나님의 뜻이 보이지 않는다. 들리지 않는다. 10명의 정탐꾼 같은 삶이다.

스피커 영성 vs 이어폰 영성

성숙한 성도에게는 스피커 영성이 아니라 이어폰 영성이 있다. 스피커에서 나오는 소리는 모두가 듣지만 이어폰에서 나오는 소리는 나에게만 들린다. 오늘 말씀은 내가 듣고 변화되어야 할 내 말씀으로만 듣는다. 회개도 내가 하고, 다짐도 내가 한다. 옆 사람 말씀으로 듣지 않는다. 내 아내에게 하시는 말씀이 아니고, 내 자녀에게 하시는 말씀이 아니고, 구역 식구들에게 하시는 말씀이 아니라 나에게만 들리는 내 말씀으로 듣는다. 이어폰 영성이다.

스피커 영성으로 들으면 신앙에 힘이 없다. 선거철이 되면 도로가 시끄럽다. 선거 유세를 하느라 스피커로 많은 말을 한다. 들어 보면 다 좋은 이야기다. 유세만 들으면 후보들을 다 뽑아 주고 싶다. 전부 다 '시장' 하고, 전부 다 '의원' 했으면 좋겠다.

실상은 공약에 크게 귀를 기울이지 않는다. 유세 차량의 소리를 듣지 않는다. 큰 소리가 나오지만, 내 마음에 머물지 않는다. 내 삶과 상관없다고 생각하기 때문이다. 나에게 하는 말로 들리지 않으면 좋은 말도 힘이 없다.

그런데 내 친구가 하는 말은 듣는다. 시장, 구청장 후보 말은 안 들어도 내 친구 말은 듣는다. 나에게 하는 말이라서 그렇다. 유세가 아니라 대화라서 그렇다. 설교는 선거 유세가 아니다. 하나님이 나에게 말씀하시는 특별한 대화다.

사람들은 모두를 위한 일반적인 제품보다 나만을 위한 특별한 작품에 관심을 보인다. 아이들이 어린이집 처음 들어가면 어버이날에 카네이션을 만들어 온다. 선생님의 도움을 받아서 만들었지만 여러모로 엉성하다. 가방에 넣었다 꺼내느라 다 구겨져 있다. 모양만 보면 나를 사랑하는 건지 미워하는 건지 모르겠다. 그런데 구겨진 카네이션을 보고 화내는 사람은 없다. 오히려 감동이다. 나를 위해 만들어 준거라서 그렇다. 파는 제품이 아니다. 고사리 손을 만든 작품이다.

말씀에 욕심을 가져라

하나님의 말씀은 제품이 아니다. 작품이다. 나를 위한 대답이고, 나에게 하시는 말씀이다. 그러니 감동이다. 나를 변화시킨다. '돌이키라,' '사랑하라,' '정직하라.' 모든 말씀이 나를 향한 하나님의 계획이고 작품이다. 내 말씀으로 들으면 그때부터 하나님 대답이 들린다.

부사역자 시절에 교단 연합 모임에서 부교역자 수련회를 한 적이 있다. 그때 부사역자들이 자기 교회 담임목회자를 자랑하는 시간이 있었다. 그때 대구에 있는 교회 부사역자가 이렇게 자랑을 했다.

"우리 담임목사님은 욕심이 많습니다."

험담하는 시간이 아니었다. 자랑하는 시간이었다. 그 사역자도 험담하려고 한 말이 아니다. 이어서 말을 했다.

"담임목사님께서 세미나를 다녀오시면, 그 세미나에서 우리 교회에 적용할 수 있는 것은 다 적용하십니다. 세미나 갔다 오실 때마다 일이 많아져서 무서워요. 어떤 세미나도 그냥 넘기지 않고 전부 교회에 맞게 적용하십니다. 그런 욕심이 대단히 많습니다."

어떤 세미나도 그냥 흘려보내지 않는다는 말이다. 그 담임목사님은 나도 잘 아는 분이다. 목회 철학이 분명하신 분이다. 무분별하게 세미나 내용을 가져오실 분이 아니다. 분명히 그 교회에 맞게 적용하셨을 것이다. 그 목사님에게는 모든 세미나가 '우리 교회를 위한 세미나'이고, '자신을 위한 하나님의 준비'다. 그런 욕심을 가지고 들으니, 어떤 세미나에서도 하나님의 대답을 발견한다.

예수님이 길을 가실 때 많은 사람들이 예수님과 부대끼며 걸었지만, 예수님의 옷자락 때문에 기적을 경험한 사람은 혈루병 걸린 여인 한 사람이다. 그녀에게는 간절함이 있었다. 다른 말로 치유에 대한 욕심이 있었다.

'옷자락만 만지면 낳겠다.'

그 욕심이 예수님의 기적을 내 것으로 만들었다. 예수님의 옷자락을 모든 사람이 부딪히는 옷자락이 아니라 나에게 역사하시는 특별한 옷자락으로 만들었다.

성장하는 성도는 주일이면 욕심이 많아진다. 주일 말씀이 모두 내게 주시는 말씀이라는 욕심을 가지고 듣는다. 성경을 읽을 때도 욕심을 가진다.

'나를 향한 말씀이다. 내게 주시는 책망이고, 내게 주시는 위로고. 내게 주시는 꾸지람이다.'

말씀에 대한 욕심이 많다. 이런 성도는 성경 한 절을 봐도 열 가지 은혜를 받는다. 한 가지 설교를 들어도 열 가지 하나님의 대답을 듣는다.

그래서 목회 잘하는 목사는 말씀에 기대감을 주는 목사다.
'오늘도 하나님이 나에게 무슨 말씀을 하실까?'
'내게 주시는 말씀이 무엇일까?'
목회자는 성도들이 말씀에 욕심나게 만들 책임이 있다.

하나님은 대답하신다

하박국 선지자는 내 속에 말씀하실 하나님의 말씀, 내 안에 하시는 말씀을 기다렸다. 남에게 하는 말로 흘려듣지 않았다. 그랬더니 하나님은 선명하게 알려주셨다.

오늘날은 말씀으로 답을 찾기보다 인터넷으로 답을 찾는 시대다. 이제 Z세대(Generation Z, 1990년대 후반부터 2000년대 초반에 태어난 세대)는 포털 사이트로 검색하지도 않는다. Z세대의 66%는 방법을 찾기 위해 유튜브를 검색한다. 묵상은 힘을 잃고 검색이 주목받는 시대다.

그러나 여전히 인생의 답은 하나님이 가지고 계신다. 삶의 문제는 하나님께 대답을 들어야 한다. 하나님 대답을 듣기 위해 필요한 것은 집중이다. 흔들림 없이 살아가는 망부석 믿음이다. 무엇보다 말씀에 욕심이 필요하다. 나에게 하시는 하나님의 말씀으로 듣는 욕심이 있으면 하나님 대답이 들린다. 인생의 답을 찾을 수 있다.

# 제2부

하나님 대답으로 산다

7. 성도는 생명력으로 산다
8. 엎드리는 사람은 넘어질 일이 없다
9. 하나님과 비교할 수 있는 것은 없다
10. 거절이 실력이다
11. 일승하는 삶에서 연승하는 삶으로
12. 말씀이 넘쳐야 기쁨이 넘친다

## 하박국 2장 4-8절

보라 그의 마음은 교만하며 그 속에서 정직하지 못하나 의인은 그의 믿음으로 말미암아 살리라 그는 술을 즐기며 거짓되고 교만하여 가만히 있지 아니하고 스올처럼 자기의 욕심을 넓히며 또 그는 사망 같아서 족한 줄을 모르고 자기에게로 여러 나라를 모으며 여러 백성을 모으나니 그 무리가 다 속담으로 그를 평론하며 조롱하는 시로 그를 풍자하지 않겠느냐 곧 이르기를 화 있을진저 자기 소유 아닌 것을 모으는 자여 언제까지 이르겠느냐 볼모 잡은 것으로 무겁게 짐진 자여 너를 억누를 자들이 갑자기 일어나지 않겠느냐 너를 괴롭힐 자들이 깨어나지 않겠느냐 네가 그들에게 노략을 당하지 않겠느냐 네가 여러 나라를 노략하였으므로 그 모든 민족의 남은 자가 너를 노략하리니 이는 네가 사람의 피를 흘렸음이요 또 땅과 성읍과 그 안의 모든 주민에게 강포를 행하였음이니라.

# 7

## 성도는 생명력으로 산다

### 풍성함 vs 생명력

많은 이들이 '행복'이라는 단어를 들으면 '풍성함'을 떠올린다. 무엇이든 넉넉하고, 부족함 없이 풍성해야 행복할 수 있다고 생각한다. 그런데 행복은 풍성함에 달려있지 않다. 그것을 증명해 준 나라가 대한민국, 우리나라다.

1968년도 가을 기준으로 80kg 쌀 한가마가 5,000원이었다. 당시 일당은 120원이었다. 한 달 꼬박 일해도 쌀 한가마를 못 산다. 그런데 지금은 최저 시급으로 하루 8시간만 일해도 20kg 쌀 한 포대를 살 수 있다. 풍성해졌다.

그럼 그만큼 더 행복해졌는가?

더 풍성해졌는데 더 많이 웃음은 사라졌다. 사회보장제도가 잘되어 있는 북유럽의 자살률은 새삼 언급할 필요도 없다. 손에 쥔 것은 부족하지 않는데, 행복은 쥐고 있지 않다. 잘 설계된 복지도 행복을 설계하지는 못했다.

행복은 풍성함에서 나오지 않는다. 생명력에서 나온다. 생명력 없는 풍성함은 가짜다. 교회들마다 꽃꽂이가 되어있다. 꽃꽂이를 보면 여러 가지 꽃들이 풍성하게 꽂혀 있어 참 이쁘다. 그런데 꽃꽂이 같은 인생을 살고 싶은 사람은 아무도 없다. 10일 후면 버려질 것이기 때문이다.

풍성한 꽃꽂이보다 앙상한 겨울나무가 낫다. 겨울나무는 아무것도 없다. 꽃은커녕 잎도 하나 없다. 겨울나무는 꽃과 잎을 자랑하지 않는다. 대신 생명력을 자랑한다. 꽃꽂이처럼 화려하지 않아도 된다. 겨울나무처럼 앙상해도 괜찮다. 생명력만 있으면 된다. 풍성함보다 중요한 것이 생명력이다.

오로지 풍성함이 기도제목인 사람들 있다. 그건 죽은 기도다. 예배도 생명력 붙들러 나오는 자리다. 풍성한 교제 이전에, 생명력 있는 말씀 붙들러 오는 것이 예배다. '풍성한 인생 되기 원한다'라고 기도하기 전에 '하나님 앞에서 멀어지지 않기 원한다'는 것이 나를 살리는 기도다.

생명력이 힘이다. 죽은 고래는 파도에 휩쓸려가지만, 살아있는 고등어는 파도를 거슬러 헤엄쳐 간다. 파도와 물살을 견디고 버틴다. 손바닥 만한 풀 한 포기도 뿌리가 살아 있으면 태풍을 이겨낸다. 생명력이 힘이다.

### 생명력은 힘이 있다

생명력은 두 가지 힘이 있다.

**첫째**, 내일이다. 겨울나무는 아무것도 없다. 꽃은커녕 잎도 하나 없다. 그러나 내일이 있다. 겨울나무에게는 꽃도 잎도 필요 없다. 딱 하나만 있으면 된다. 시간이다. 시간만 지나면 꽃이 피고, 새싹이 나고. 다시 일어선다. 생명력 안에는 내일이 있다. 내일이 없는 꽃꽂이에게는 시간이 독이지만 내일이 있는 겨울나무에게는 시간이 답이다.

**둘째**, 끊임없는 공급이다. 생명력은 공급하는 힘이 있다. 겨울나무는 지금 풍성하지 않아도 된다. 단지 살아 있으면 된다. 겨울인데 잎이 풍성하면 수분 다 빼앗기고 죽는다. 겨울나무는 잎이 풍성하기를 기도하지 않는다. 뿌리만 잘 내리고 양분을 공급 받고 있으면 된다. 그러면 겨울을 견뎌낸다. 봄이 오면 꽃피는 삶이 된다. 그래서 생명력 있는 성도는 눈앞의 풍성함에 목숨 걸지 않는다. 하나님과 연결되는 것에 집중한다. 하나님과 연결되는 것이 진짜 해결이기 때문이다.

생명은 내일이 있다

생명력이 주는 첫 번째 힘은 내일이다. 생명력 있는 믿음에는 내일이 있다. 믿음은 오늘 삶에만 집착하지 않는다. 생명력이 만들어 주는 내일을 기대한다. 성도는 내일이 있는 사람이다.

이스라엘이 지금 현실에서 보면 바벨론이 제일 강하다. 모든 전쟁에서 이기고 있다. 앞을 막아설 나라가 없다. 지금 잘나가는 사람이다. 오늘 걱정 없이 살아가는 사람이다. 반면 이스라엘은 아무것도 없다. 국력은 약하고, 바벨론 눈치, 애굽 눈치를 봐야 한다. 빵을 먹고 사는 게 아니라 눈치를 먹고 살고 있다. 현재 모습만 보면 오늘 망해도 이상하지 않다. 오늘 걱정으로 사는 삶이다.

그러나 믿음의 눈으로 보면 오늘 '걱정 없는' 바벨론 보다, 오늘 '걱정하는' 이스라엘이 오히려 소망이 있다. 모든 것을 가진 바벨론에게는 내일이 없지만, 아무것도 없는 이스라엘에게는 하나님이 있기 때문이다. 하나님의 약속, 내일이 있기 때문이다. 내일이 있으면 소망이 있다. 내일이 소망이다.

어릴 때 집이 많이 가난했다. 부모님은 그 시기를 다 이겨내시고 두 남매를 키워내셨다. 그때를 회상하며 어머니가 돈을 모으셨던 방법을 말씀해 주신 적이 있다. 당시 공장을 다니셨던 아버지 월급이 한 달에 12만 원이었다. 그러면 10만 원을 적금을 들고, 2만 원을 가지고 어린 자녀 둘과 함께 네 식구가 한 달을 살았다. 아니 버텼다.

그렇게 1년 적금을 모으면 이율이 높던 당시에는 140만 원 조금 넘는 돈이 된다. 그러면 어떻게든 돈을 빌려서 150만 원을 다시 저금하셨다. 소위 일수라는 개인 금융을 이용해 150만 원을 맞춰 저금하고, 나머지 돈은 틈틈이 갚으면서 삶을 버티셨다.

왜 그렇게 악착같이 적금을 하셨나? 1년 후면 이자와 함께 찾을 돈을 알고 계셨기 때문이다.

매월 은행에 가져가는 돈을 아깝다고 생각하지 않는다. 그 모습을 보고 어리석다고 말하는 사람도 없다. 통장에 숫자가 쌓여가기 때문이다.

그 숫자가 오늘은 아무 힘이 없다. 어린 자녀에게 요구르트 하나도 사줄 수 없는 숫자일 뿐이다. 그러나 적금을 타는 날에는 자녀의 학비가 되어준다. 전세로 이사 가기 위한 돈이 되어 돌아온다.

적금을 드는 순간 오늘은 아무것도 달라지지 않는다. 오히려 더 어려워질 때도 많다. 하지만 미래는 이미 준비되었다. 은행은 확실한 약속이기 때문이다.

하나님은 아브라함에게 약속이라는 적금 통장을 주셨다. 아브라함에게 믿음은 하나님이 주신 적금 통장이 만기될 때까지 기다리는 것이다.

"너는 너의 친척 본토 아버지의 집을 떠나서 내가 너에게 지시할 땅으로 가라."

"내가 복을 줄 것이다, '나중에.'"

"많은 민족을 줄 것이다, '나중에.'"

"동서남북 많은 땅을 줄 것이다, '나중에.'"

말씀을 듣는 순간은 받은 것이 아무것도 없다.

전부 내일이다. 말씀 듣고 눈을 떠도, 가진 건 똑같다. 대신 딱 하나가 달라졌다. '주실 것이다'라는 약속의 적금 통장 하나가 가슴에 새겨졌다. 그리고 하나님은 정말 주셨다. 약속 받는 순간 오늘은 달라지지 않았다. 그러나 미래는 이미 달라졌다.

### 하나님은 내일을 주신다

사탄은 하나님의 약속이 은행 약속보다 못하다고 속인다. 하나님이 약속하셨지만 미래는 여전히 불투명하다고 거짓말을 한다. 그렇지 않다. 하나님은 은행보다 정확한 분이다. 하나님의 약속은 어떤 일이 있어도 성취된다. 확률 높은 가능성이 아니다. 확실히 정해진 선물이다. 하나님의 약속은 불확실하게 열린 미래가 아니라 확실하게 닫힌 미래다.

미디안 광야에서 도망자의 삶을 살던 모세는 내일이 없었다.

매일 똑같이 양을 돌보며 똑같은 오늘만 반복해서 살았다. 어제와 같은 오늘, 오늘과 같을 내일. 새로움이 없다. 기대도 소망도 없다.

그때 하나님은 불 붙은 떨기나무에서 모세에게 내일을 주셨다. 가나안 땅이라는 내일. 하나님과 동행하는 내일을 약속하셨다.

"이스라엘 백성이 이 산에서 나를 예배하게 되리라."

약속을 주셨다. 내일이 생겼다.

사람들이 늙는다는 것은 나이가 드는 것이 아니라 내일이 없어지는 것이다. 하고 싶은 일도, 할 일도, 해야 할 일도 없어진다. 그러나 믿음은 내일이 생긴다. 하나님이 일하실 새로운 삶이 시작된다.

### 견디는 힘

얼마 전 아는 목사님 SNS에 글이 하나 올라왔다.

> 이런저런 생각에 목양실에 앉아있습니다. 오늘 오후에 일어난 일 때문인 것 같습니다. 한 사람이 교회 옆 오피스텔 건물에서 몸을 던졌습니다. 지금도 그 핏자국이 선연합니다. 사연이 있었겠지요, 절박한 무언가가, 그의 눈에 교회 십자가가 보이지 않았을까요? 한번 오고 싶지 않았을까요?

오늘날 자살은 더 이상 먼 이야기가 아니다. 사람들이 이런 극단적인 선택을 하는 이유는 하나다. 내일이 없어서 그렇다. 오늘 현실이 답이 없는데 내일도 답이 보이지 않아서 그렇다. 내일이 없는 사람은 오늘을 견딜 힘이 없다.

믿음이 있는 성도에게는 내일이 있다. 그래서 힘든 오늘도 견딜 수 있다. 그래서 하박국은 힘든 상황에서도 이렇게 선포한다.

"의인은 믿음으로 말미암아 산다."

견딤이 승리를 만든다. 그래서 군인들도 혹한기 훈련을 한다. 가장 추운 1월에 야외에서 잠을 자고 훈련한다.

왜 하필 추울 때 하는가?

추울 때라서 한다. 그 훈련은 무엇을 단련시키자는 것이 아니다. 적응력을 키우는 훈련이다. 적응력, 한마디로 견디는 힘이다. 견디는 힘이 있어야 전쟁에서도 승리한다.

성도가 당당할 수 있는 이유도 견디는 힘이 있기 때문이다. 내일을 소망하는 성도는 견디는 힘이 있다. 요셉의 삶은 '풍성함'보다 '힘듦'의 연속이었다. 그러나 하나님은 요셉의 미래를 붙들고 계셨고, 하루하루를 견디게 하셨다. 돈에 팔려간 억울함을 견뎠더니, 강간 미수라는 억울한 누명이 찾아온다. 종살이를 버텼더니, 감옥살이다. 요셉이 총리가 된 것은, 그 시절을 다 견딘 다음이다. 견딤이 총리를 만들었다.

노아의 배는 견딤의 배다. 노아가 배를 만든 기간이 120년이다. 120년이면, 배 만드는 첫날 근처에 있는 나무 다 베어 배 만들면서 다시 나무를 심어도 100년 된 나무를 또 얻을 수 있는 시간이다. 오랜 견딤의 시간이다.

### 단단해지는 시간

견디는 시간이 필요한 이유가 있다. 견딤의 시간은 단단해지는 시간이기 때문이다. 견디면서 요셉은 더 단단해졌다. 아버지 앞에 어리광 부리던 채색 옷을 벗고, 노예의 옷, 죄수복을 입으면서 단단해졌다. 총리의 수준까지 깊어졌다. 노아는 120년 동안 배를 만들면서 자신의 사명이 더 분명해졌다.

> 인내를 온전히 이루라 이는 너희로 온전하고 구비하여 조금도 부족함이 없게 하려 함이라(약 1:4).

누구에게나 단단해지는 시간은 있다. 건강 때문에, 자녀와의 갈등 때문에, 경제적인 어려움 때문에. 이 견딤의 시간은 부서지는 시간이 아니라 완성되는 시간이다. 실패하는 순간이 아니라 성장하는 순간이다.

그러니 견딤의 시간일수록 허리도 펴고, 어깨도 펴고, 자랑해도 된다. 실패를 숨길 필요없다. 실패에 당당해도 되고, 실패를 자랑해도 된다. 지금이 하나님 손안에 있는 시간이기 때문이다. 변신하는 과정이다.

### 하나님의 눈으로 나를 보라

하박국 시대 이스라엘의 오늘은 절망이다. 그런데 하나님이 주실 내일은 소망이다. 모든 사람이 바벨론에게 점령당하는 이스라엘을 보고 있을 때 하나님은 다시 회복될 이스라엘을 보고 계셨다. 하나님의 눈은 사람들의 눈과 달랐다. 믿음으로 내일을 본다는 것은 하나님의 눈으로 삶을 보는 것이다.

사역을 하면서 하나님을 만나고 삶이 변하는 이들을 본다. 가장 큰 변화는 낮은 자존감이 회복되는 것이다. 늘 자신 없어 하고, 작은 일에도 상처받는 사람이 믿음이 생기면서 달라지기 시작한다. 자기 자신의 가치를 인정하기 시작했다. 자존감이 높아졌다. 자존감이 올라간 이유는 하나님의 눈으로 자신을 보기 시작했기 때문이다. 하나님의 눈으로 삶을 보면 자존감이 올라간다. 믿음은 하나님의 눈으로 나를 보는 것이다.

사람들은 아브라함과 사라를 아이가 없는 75세 노부부로 보았다. 그때 하나님은 이미 그들을 이삭의 부모로 보셨다. 열국의 아버지, 다시 말해 여러 민족의 아버지로 보셨다. 약속은 하나님의 눈으로 본 내 모습이다. 예수님이 베드로 찾아 오셔서 깊은 곳에 가서 그물을 던지라고 말씀하셨다. 그래서 물고기를 많이 잡았다. 여기까지는 현실이다. 예수님도 현실을 무시하지 않으신다. 그러나 현실에 머물러 있지도 않으신다. 물고기를 잡은 베드로에게 전혀 다른 이야기를 하신다.

"너는 사람 낚는 어부가 될 것이다."

'사람 낚는 어부,' 이것이 예수님이 보신 베드로이다. 베드로의 오늘은 물고기를 많이 잡은 어부지만 베드로의 내일은 사람 낚는 어부, 초대교회 지도자다. 믿음으로 내일을 보려면 하나님의 눈으로 나를 보면 된다.

### 권면도 축복이다

그래서 성도는 말씀들을 때 '아멘'으로 듣는다. '사랑하라'는 말씀이 선포되면 아멘으로 듣는다.

'하나님, 저는 사랑할 수 없는 사람인 줄 알았는데, 하나님은 저를 사랑할 수 있는 사람으로 보시는군요. 그러면 저도 저 자신을 그렇게 보고 사랑해 보겠습니다.'

하나님의 눈으로 보면 고린도전서 13장은 굉장한 축복의 장이다. 나는 우리 교회 성도들에게 고린도전서 13장을 바꾸어서 읽어보라고 말한다. 13장 4-7절까지 사랑이 들어갈 자리에 자신의 이름을 넣어서 읽어보라는 말이다.

> ○○은 오래 참고 ○○은 온유하며 시기하지 아니하며 ○○은 자랑하지 아니하며 교만하지 아니하며 무례히 행하지 아니하며 ○○은 자기의 유익을 구하지 아니하며 성내지 아니하며 악한 것을 생각하지 아니하며 ○○은 불의를 기뻐하지 아니하며 진리와 함께 기뻐하고 ○○은 모든 것을 참으며 모든 것을 믿으며 모든 것을 바라며 모든 것을 견디느니라(고전 13:4-7).

이런 사랑을 가지라는 하나님의 권면은 하나님의 기대다. 사랑하며 살아가라는 말은 사랑할 수 있는 사람으로 만들어 주시겠다는 뜻이다. 하나님은 성도를 이런 사랑을 가질 수 있는 사람으로 보신다.

내일이 있는 성도는 지금 내 모습에 갇혀있지 않는다. 현실에 머물러 있지 않는다. 하나님의 눈으로 나를 본다. 그래서 새로운 순종이 가능하다. 새로운 헌신이 가능하다.

'하나님이 나를 순종의 사람으로 보시는군요. 하나님이 저를 헌신의 사람으로 보시는군요. 그러면 저도 저를 그렇게 보겠습니다. 제 눈을 수정하겠습니다.'

눈이 달라지는 것이 믿음의 삶이다.

하나님의 시선으로 나를 보면 모든 약속이 축복이고, 모든 명령이 축복이다.

'정직하라? 왜 정직하라고 하시지? 나는 정직할 수 있는 사람이구나'라고 생각하고 선포해야 합니다

"나에게 함부로 유혹하지 마!

나는 정직할 수 있는 사람이야!"

하나님의 눈으로 자신을 보는 성도는 약속도 축복으로 붙잡고 살고, 명령도 축복으로 붙잡고 산다. 생명력이 있는 성도는 내일을 기대한다. 지금 내 모습을 보는 것이 아니다. 하나님이 보시는 내 모습을 보는 것이다. 그것이 성도의 내일이다.

생명력은 공급하는 힘이 있다

생명력이 주는 두 번째 힘은 끊임없는 공급이다. 성도는 하나님과 연결된 사람이다. 하나님이 공급해 주시는 사람이다. 그러니 눈앞에 보이는 소유에 집착하지 않는다. 상황 붙들고 살지 않는다. 하나님이 주시는 힘으로 산다. 믿음 안에는 하나님의 공급이 있기 때문이다.

승승장구하고 잘나가는 바벨론은 생명력이 없다. 하나님과 단절되어 있다. 자신의 힘만 의지한다. 생명력으로 살지 않고 자신이 가진 소유로 산다. 그런데 그 소유에는 만족이 없다. 5절

에 "그는 술을 즐기며"라는 이 말은 술이 넉넉할 만큼 부유하다는 말이다. 부유함은 있는데 여전히 만족을 모른다. "스올처럼 자기의 욕심을 넓힌다"라고 말한다. 더 가지려고 한다. 생명력이 없으면 만족이 없다.

바벨론의 꿈은 소유다. 오로지 많이 가지는 것이다. 그들의 소원은 통장, 꿈에도 소원은 부동산, 그것이 꿈이다. 요즘 청년 청소년들에게 꿈을 물어보면 건물주라고 말한다. 이제 세상은 조물주 하나님을 소망하지 않는다. 조물주보다 건물주가 높다고 이구동성으로 말한다. 바벨론의 영성이다. 소유로 사는 삶이다.

### 유효기간이 짧은 행복

소유의 행복은 유효기간이 짧다. 아랍에미리트 두바이에는 세계 최대 쇼핑몰은 세계 최고의 높이를 자랑한다. 건설사들은 세계 최대 건물을 지어 놓고 만족한다. 행복해한다. 그런데 그 만족의 유효기간은 3개월이다. 최고와 최대의 기록은 다시 두바이가 갱신한다. 그 주기는 3개월에 불과하다. 두바이 관광 가이드는 이렇게 설명해야 한다.

"여기는 세계 최고의 호텔입니다.

앞으로 3개월 동안만요."

3개월짜리 시한부 기쁨이다. 소유로 살면 시한부 기쁨밖에 없다. 더 가져서 비교하는 기쁨을 누릴지 몰라도 곧 비교당하는 슬픔으로 살게 된다. 소유의 행복은 유효기간이 짧다. 소유의 행복은 만족을 모른다. 가지는 것이 행복인데, 그 행복은 채워지는 순간 사라진다. 더 가져야 하기 때문이다.

우리나라에서는 한 가정에 10억 이상의 돈을 가지고 있으면 일반적으로 부자라고 생각한다. 그러나 정작 10억 원 이상 가진 이들의 생각은 달랐다. 2015년 한 설문조사에서 '얼마 정도 가지고 있어야 부자라고 생각하나요?'라는 질문에 10억 내외로 가진 사람들이 대답한 평균은 109억이다. 30억에서 50억 재산 보유자는 129억을, 50억에서 100억 보유자는 153억을, 100억 원 이상은 215억 이상을 보유해야 부자라고 대답했다. '많이' 가져도 '더 많이' 가져야 한다고 생각한다.

미국 역사상 대표적인 부자로 꼽히는 록펠러에게 한 기자가 물었다.

"당신은 이미 최고의 부자인데, 돈은 어느 정도 있을 때 만족이 되던가요?"

그 질문에 록펠러는 이렇게 대답했다.

"조금만 더 있으면요."(Just a little more).

소유의 힘은 만족이 없다. 그 힘은 일시적일 뿐이다.

### 끊임없는 공급

하나님께 공급받는 삶은 다르다. 하나님의 공급은 일시적이지 않다. 하나님의 생명력을 끊임없이 공급받기 때문이다. 소유가 많을 때나 적을 때나 상관없다. 아니 소유가 적을 때 더 진가를 발휘한다. 누가복음 15장에 나오는 탕자는 아무것도 없이 돌아왔을 때 아버지의 진짜 사랑을 느꼈다. 돈 많을 때가 아니다. 아버지 재산 다 쓰고, 아무것도 없을 때다. 배고플 때 그 사랑을 더 느낀다. 모든 것을 다 잃고 나서도 여전히 채워주시고 회복시키시는 아버지의 공급을 느낀다.

교회 사역을 하다가 1년도 채우지 못하고 그만두는 사람들이 있다. 내 힘으로 일하는 사람들이다. 이런 사람들의 적극성은 오히려 무섭다. 컨디션이 좋을 때는 사역을 하겠다고 손을 든다. 그러다 자기 힘이 다 떨어지고 나면 소리 없이 사라진다. 일하는 원천이 하나님의 공급이 아니라 자기 힘이라서 그렇다. 사역을 지원할 때도 견적을 내보고 지원한다. 내 힘으로 할 수 있다는 생각이 들어야 지원한다.

하나님은 능력을 보고 사람을 쓰시지 않는다. 능력을 공급해 주시면서 쓰신다. 모세는 하나님이 부르셨을 때 처음에는 자기 능력만 보았다. 그때 하나님은 아론을 붙여주셨다. 사람을 통해 능력을 공급해 주셨다.

사도행전을 '성령' 행전이라고 부르는 이유가 있다. 사도들의 힘으로 이룬 전도가 아니라 성령님께 힘을 받은 사람들의 전도이기 때문이다. 그래서 바울은 로마까지 가서 복음을 전할 수 있게 되었다. 하나님의 공급은 끊어지지 않는다. 그리고 제한되지도 않는다.

### 약관을 넘어선 사랑

반면 세상이 주는 공급은 한계가 있다. 계약을 넘어서지 못한다. 약관 안에서만 도와준다. 아는 분이 임신하고 태아 보험을 들었다. 이것저것 보장해 준다는 이야기를 듣고 보험을 들었다. 그런데 아이가 예정일보다 한 달 빨리 태어나서 2주간 인큐베이터에서 치료를 받았다.

이후 보험회사를 찾아갔더니, 받을 수 있는 치료비가 얼마 없었다. 비용이 많이 들어간 몇 가지 치료가 약관에 보장되지 않은 치료라고 말했다. 아무리 친절하게 계약해도 소용없다.

세상의 계약은 약관을 넘어서는 책임은 지지 않는다. 하나님의 공급은 약관에 따라 움직이지 않는다. 사랑에 따라 움직인다. 하나님은 사람의 죄를 용서하시기 위해 "죄의 삯은 사망"이라는 약관을 넘어서 움직이셨다. 독생자까지 아끼지 않고 보내셨다. 약관을 넘어선 사랑이다.

이스라엘이 그렇게 범죄해도 포기하지 않으신다. 바벨론에게 망해도 다시 회복시켜 주신다. 그래서 바벨론의 강함보다 이스라엘의 약함이 소망이 있다. 하나님의 공급 때문이다. 하나님의 공급은 제한이 없다. 그의 백성이 어려울 때 언제든지 도와준다. 즉각적으로 개입한다.

그래서 성도의 삶에는 좌절이 없다. 어려움이 찾아오면 이길 힘을 하나님이 공급해 주시기 때문이다.

> 이 모든 일에 우리를 사랑하시는 이로 말미암아 우리가 넉넉히 이기느니라 내가 확신하노니 사망이나 생명이나 천사들이나 권세자들이나 현재 일이나 장래 일이나 능력이나 높음이나 깊음이나 다른 어떤 피조물이라도 우리를 우리 주 그리스도 예수 안에 있는 하나님의 사랑에서 끊을 수 없으리라(롬 8:37-39).

하나님의 공급을 믿는 성도의 기도제목은 제한이 없다. 기도하는 한 사람이 한 민족을 구한다. 성도의 사역에도 한계가 없다. 어떤 어려움도 감당할 수 있는 힘이 생긴다. 능력 주시는 자 안에서 모든 것을 감당한다.

성도는 생명력으로 산다

바벨론 영성은 내 힘으로 사는 삶이다. 목회를 하면서 바벨론 영성의 유혹을 많이 경험한다. '내가 열심히 해서 교회를 부흥시키고, 내가 설교를 잘 준비해서 은혜 받게 만들어야지'라고 생각하는 이 모든 것이 바벨론 영성이다.

그때마다 하나님은 좌절의 은혜를 주신다. 내 힘을 의지할 때마다 실패를 경험하게 하신다. 내 힘을 의지해서 하는 실패와 좌절은 하나님의 특별한 은혜다. 다시 하나님의 생명력을 의지하게 만들기 때문이다. 하나님의 공급만 바라보게 만들기 때문이다.

성도는 하나님이 주신 생명력으로 산다. 바벨론 영성으로 살지 않는다. 생명력 안에는 하나님의 공급이 있다. 또한 내일이 있다. 오늘 삶만 보고 절망할 이유가 없다. 내 힘만 보고 포기할 이유가 없다. 성도에게는 하나님이 주시는 생명력이 있기 때문이다. 생명력이 성도의 힘이다.

**하박국 2장 9-11절**

재앙을 피하기 위하여 높은 데 깃들이려 하며 자기 집을 위하여 부당한 이익을 취하는 자에게 화 있을진저 네가 많은 민족을 멸한 것이 네 집에 욕을 부르며 네 영혼에게 죄를 범하게 하는 것이 되었도다 담에서 돌이 부르짖고 집에서 들보가 응답하리라

# 8

## 엎드리는 사람은 넘어질 일이 없다

### 도끼 한 자루

보아라. 파란 정맥만 남은 아버지의 두 손에는
도끼가 없다.
지금 분노의 눈을 뜨고 대문을 지키고 섰지만
너희들을 지킬 도끼가 없다.

어둠 속에서 너희들을 끌어안는 팔뚝에 힘이 없다고
겁먹지 말라.
사냥감을 놓치고 몰래 돌아와 훌쩍거리는 아버지를 비웃지 말라.
다시 한 번 도끼를 잡는 날을 볼 것이다.

이어령 작가가 쓴 <도끼 한 자루>의 일부다. 이어령 작가는 본인이 쓴 이 시에 대해서 이렇게 이야기했다.

이 시는 믿음을 가지기 전에 쓴 시입니다. 그때만 해도 아버지가 강해야, 힘이 있어야 가정을 지킬 수 있다고 생각했습니다. 그때 믿는 것이라고는 도끼라는 무기, 권력, 돈, 힘입니다. 그래서 늙고 힘이 없어져서 그 역할을 못하게 되니까, '다시 한 번 힘을 내야 하는데'라고 안타까워하는 그런 아버지의 모습을 표현하고 싶었습니다.

아버지의 강함이 힘이라고 생각했다는 말이다. 그리고 이렇게 말했다.

"신앙이 생긴 뒤 돌아보니, 그 지키는 수단이 도끼가 되어서는 안 됨을 느꼈습니다."

믿음을 가지고 나서는 '그게 아니구나' 이것을 깨달았다는 말이다. 믿음의 길을 모르는 사람은 도끼가 강함이다. 남들보다 더 가져야 강하고, 남들보다 더 높아야 강하다고 생각한다. 힘이라는 도끼가 있어야 강하다고 생각한다. 그것이 없으면 금방 넘어진다고 생각한다. 그렇지 않다.

아픔이 있는 가정들을 보면 힘이 없어서 아픈 것이 아니라 힘이 넘쳐서 아픈 가정들이다.

　가정 안에서 돈이라는, 권력이라는 힘을 휘두르면 그것만큼 아픈 집이 어디 있겠는가? 가정을 힘으로 지배하려는 가족이 있으면 가정은 상처받는다.

　"내가 이만큼 이루었으니까!"

　"내가 이렇게 고생하니까!"

　남편은 아내에게 아내는 남편에게 내가 가진 힘으로 압박하기 시작한다. 자녀에게도 힘으로 억누른다. 그렇게 힘이 지배하는 가정은 그 힘 때문에 서로 지쳐 쓰러진다. 힘이면 넘어지지 않을 줄 알았는데, 힘 때문에 넘어진다.

### 엎드려야 넘어지지 않는다

　넘어지지 않으려면 힘이 필요한 것이 아니다. 죄를 이겨야 넘어지지 않는다. 사람을 넘어지게 만드는 것은 '약함'이 아니다. '악함'이다. 바벨론의 모습이 그렇다. 힘을 가지고 있으면 안전할 줄 알았다. 나라가 부유하면 괜찮을 것이라고 생각했다. 힘을 의지하는 모습이다. 그런데 실상은 그 힘을 모으는 과정에서 쌓은 죄 때문에 오히려 넘어지게 될 것이라고 말한다. 내 속에 있는 욕심, 다시 말해 내 안에 있는 죄가 나를 넘어지게 만든다.

　그래서 믿음의 길에 들어서면 '도끼를 찾는 것'이 아니라 손에 들고 있는 '도끼도 내려놓는다.' 넘어지지 않기 위해 필요한 것이 힘이 아님을 깨닫는다. 두 손으로 도끼를 드는 것이 아니라 가만히 모아서 기도해야 한다. 도끼가 강함이 아니라, 엎드림이 강함이다.

그 이유가 무엇인가?

싸우는 대상이 환경이 아니라 죄라서 그렇다. 내 속에 있는 욕심, 시기, 악함과 싸워야 한다. 바벨론은 도끼를 의지해서 살았다. 그런데 그 도끼 때문에 무너지게 된다. 그러니 도끼보다 기도가 필요하다. 사람과 싸우는 것이 아니라 사탄과 싸워야 한다. 그래서 '높아짐'보다 '낮아짐'이 필요하고, 도끼가 힘이 아니라 엎드림이 힘이다.

### 호랑이가 된 양

예수님도 우리에게 도끼를 준비하라는 말을 하지 않으셨다. 예수님은 성도를 "양을 이리에게 보내는 것 같다"라고 하셨다. 그러면서 주신 무기는 도끼가 아니었다. 지혜와 순결이었다. "뱀처럼 지혜롭고 비둘기처럼 순결하라"고 말씀하셨다. 그것으로 이기라고 하셨다.

교회들이 쉽게 빠지는 함정이 있다. 이리와 싸우기 위해 발톱을 가진 양이 되려고 한다. 강한 송곳니를 가진 양이 되려고 한다. 힘을 가지고 문제를 해결하려 한다. 그렇게 이리에게 잡혀 먹히지 않는 양이 되려고 몸부림치다가 호랑이가 되어버린다.

우리 주변에도 호랑이들이 많다. 대화하다 보면 "내가 틀린 말 했어?"라고 말하는 사람은 정말 위험하다. '내 말이 맞다,' '내 논리가 맞다' 이것은 '내가 힘을 가졌다'는 말이다. 힘을 가지고 말하니까 맞는 말을 하는데 다 상처받는다.

목회자가 되고 나서 제일 감사한 것은 발톱 빼기와 송곳니 내려놓기를 훈련하게 되었다는 점이다. 사역을 하기 전에는 어떤 일이든지 논리로 풀려고 했다. '이건 이렇고 저건 저렇고' 논리로 상대방에게 설명하고 설득하려고 했다. 그런데 사역을 하면서 깨닫는 것이 있다. 논리보다 중요한 것이 사랑이다.

그래서 가능하면 설명하지 않는 사람이 되려고 한다. 설명하기보다 "알겠습니다," "그렇습니다" 이렇게 말하려고 노력한다. 아직은 연약해서 설명이 먼저 나올 때도 많다. 그러나 하나님의 일은 논리로 하는 것이 아님을 알기에, 어떻게든지 논리보다 사랑이 드러나기를 기도한다.

세상은 논리가 없으면 틀린 말이지만, 교회는 사랑이 없으면 틀린 말이다. 앞뒤 없이 말하자는 것이 아니라, 힘으로 일하지 말자는 말이다. 성도는 사람을 이기기 위해서 살지 않는다. 죄를 이기기 위해서 산다. 그래야 넘어지지 않는다.

죄를 이기는 방법은 '높은 데 깃들이는 것'이 아니다. 하나님께 엎드려야 한다. 이 방법밖에 없다. 하나님께 엎드려야 죄에 넘어지지 않는다.

### 결정권을 드리는 삶

하나님께 엎드린다는 것은 내 뜻을 꺾는 것이다. 바벨론의 뜻은 다른 나라를 점령하는 것이다. 그 결과 악이 드러나고 죄가 쌓인다. 죄를 이기기 위해서는 내 뜻이 아닌 하나님의 뜻을 따르는 삶이 필요하다.

내 뜻으로 살지 않고, 하나님의 뜻을 받아들이는 것. 나는 '이것을' 원하지만, 하나님이 원하시는 '저것으로' 결정하는 것. 결정권을 하나님께 드리는 삶이 엎드리는 삶이다.

신앙은 그 사람의 행동을 결정해 준다. '누가 적이고 누가 아군인지'를 결정해 준다. '누구 말을 들어야 하고 누구 말을 거부해야 하는지'를 결정해 준다.

이슬람에서 '자살 폭탄 테러'를 서슴없이 감행하는 이유는 무엇인가? 그 사람의 신앙이 그런 삶을 결정해 준 것이다. 이슬람이 말하는 알라 편이 아니면 적이다. 그러니 죽어야 한다. 그들의 신앙은 죽으라는 알라의 말을 듣고, 살고 싶다는 내면의 말을 거부하게 만든다. 잘못된 결정이라도 그것을 따라간다. 알라에게 무릎 꿇는다.

성도는 알라가 아니라 하나님께 무릎 꿇은 사람이다. 알라뿐 아니라 세상에도 무릎 꿇지 않고 하나님께 무릎 꿇은 사람이다. 세상뿐 아니라 내 이익에도 무릎 꿇지 않는다. 나 자신에게도 무릎 꿇지 않고 오직 하나님에게만 무릎 꿇었다. 신앙은 하나님께 꿇은 무릎 위에 세워진다. 하나님의 결정을 따르기로 결단한 삶이다.

셰익스피어의 유명한 작품 『햄릿』에 나오는 유명한 대사가 있다.

To be or not to be, that is the question(죽느냐 사느냐 그것이 문제로다).

햄릿은 몰라도 이 대사는 안다. 심지어 셰익스피어는 몰라도 이 말은 들어보았다. 햄릿은 아버지의 복수를 하지 못한 채 힘들어 한다. 그러면서 질문한다.

'과연 복수를 하는 것이 옳은가?'

'차라리 이 모든 고민을 잊기 위해 죽어야 하는가?'

'어느 것이 더 나은 결정일까?'

이 고민이 명대사를 만들었다.

그러나 이 명대사에 '고민하는 한 남자'는 있을지 모르겠지만, '하나님'은 없다.

삶을 결정하는 굉장히 멋진 질문인가?

생명조차 내가 결정하려는 굉장히 잘못된 질문이다.

많은 사람들이 햄릿의 딜레마에 빠진다. 선택을 내가 해야 한다고 착각한다. 내 결정이 내 인생을 만든다고 생각한다. 자살을 하든지 다른 무엇을 선택하든지, 어떤 것이든지 '내가' 더 나은 선택을 하고 싶어 한다.

그러나 하나님은 더 나은 선택으로 우리를 초대하지 않으신다. 우리가 더 나은 선택을 하려고 노력하기 전에 하나님 앞에 엎드려 그 결정권을 하나님께 드리기를 요청하신다.

### 가장 불쌍한 사람

구원은 결정권을 하나님께 드린 사람에게 약속하신 하나님의 선물이다. 성경 어디에도 내가 주인 되어 인생의 결정권을 내 손에 쥐고 있는 사람에게 천국 문을 열어주겠다고 약속한 구절이 없다.

아담과 하와가 먹은 선악과는 결정권이다. 그들은 하나님이 먹지 말라고 결정하신 그 결정을 따르지 않고, '이제는 우리가 결정하겠습니다'라고 당당하게 말하고 하나님의 손에서 결정권을 낚아채 버렸다.

세상에서 가장 불쌍한 사람은 교회 다니지 않는 사람이 아니다. 교회는 다니면서도 내가 결정권을 쥐고 있는 사람이다. 이런 사람은 예수님을 주님을 영접하지 못한 사람이다. 그런데도 구원의 초대가 자신과 상관없다고 생각한다. 이런 사람은 아무것도 못한다. 교회 밖에 있는 것도 아니라서 내 마음대로 살기는 꺼림칙하다. 말씀을 들을 때마다 불편하고 어렵다.

그런데 하나님께 결정권을 드리지 못하고 여전히 내 손에 꼭 움켜쥐고 있다. 손에 땀이 나고 몸이 벌벌 떨려도 그것을 하나님께 드리면 내 인생이 끝날 것 같아서 놓지 못한다.

이 사람은 모든 것이 내 결정이다. 예배도 내 결정이고, 사랑도 내 결정이다. 섬김도 내 결정이고, 교회도 내 결정이다. 하나님이 없다고는 말하지 않는다. 그분이 계신 것은 안다. 그러나 정직하게 엎드려 본 적은 없다. 결정권은 여전히 내 손에 쥐고 있다.

### 삶을 보니 하나님이 없다

19세기 철학자 니체는 "신은 죽었다"라고 말했다. 이렇게 생각하는 사람이 있을지 모른다.

'목사님, 저는 신이 죽었다고 말하지도 않습니다. 신이 없다고 말하지도 않습니다. 단지 망설이고 있는 것뿐입니다. 단지

주저하고 있는 것뿐입니다.'

그러나 내가 결정해도 된다는 생각은 이미 신이 죽었다고 말하는 니체와 같다. 하나님 앞에 엎드리지 않는 사람의 삶에는 이미 하나님이 들어올 자리가 없기 때문이다.

햄릿의 "To be or not to be, that is the question"(죽느냐 사느냐 그것이 문제로다)은 굉장히 멋진 고민이다. 그러나 어디에도 하나님은 없다. There is NO GOD!

도스토예프스키는 그의 작품에서 "신이 없다면 모든 것이 허용된다"라고 말한다. 신이 없다는 것은 인류에게 법이 없어지는 것이고 판사도 재판도 없어지는 것이다. 그러니 모든 것이 허용된다. 그런데 이 말을 뒤집으면 이렇게 된다.

"모든 것이 허용되는 사람은 신이 없는 사람이다."

내가 모든 것을 결정하는 사람은 하나님과 상관이 없는 사람이다. 많은 이들이 하나님을 의심의 눈초리로 바라본다. 하나님에게 결정권을 드리면 그분이 나를 선교지로 끌고 가고, 그분이 나를 힘들고 어려운 일만 시킨다고 의심한다.

### 줄을 자르고 뛰면 책임지신다

하나님이 기드온을 부르셨을 때 기드온의 반응은 의심이었다. '큰 용사'라고 불러주셨을 때 자신을 '작은 자'라고 말했다. 스스로 작은 자라고 말했던 기드온이 어떻게 큰 용사가 되었는가?

하나님의 결정을 따랐을 때다. 하나님께 결정권을 드리고 그 결정에 순종했을 때다. 그 전에는 늘 미디안에 깨지고 넘어지는 삶이었다. 그러나 하나님께 결정권을 드리고 나니 더 이상 넘어지지 않는다. 하나님께 결정권을 드리는 사람은 하나님이 책임져 주신다.

기드온이 하나님께 결정권을 넘기기까지 쉽지는 않았다. 하나님께 따지기도 하고, 하나님을 시험하기도 했다. 내 결정권을 넘기는 것은 어렵다. 그러나 기드온의 승리는 결국 하나님의 결정에 따랐을 때 주어진 것이다. 300명까지 순종했다. 어려운 순종을 했더니 놀라운 기적을 경험했다. 하나님께 결정권을 드리는 것은 매우 어려운 다짐의 순간이다. 그러나 그 순간 우리 인생은 기적이 된다.

우리는 지금까지 결정권을 넘기는 삶을 도전받아 왔다. 여러 말씀을 통해 하나님이 나에게 '이런 요구,' '저런 요구'를 하시는 것을 들어왔다. 이 모든 요구는 결국 한가지다.

"너의 인생을 내가 결정하겠다."

"네 인생의 주가 되고 싶다."

하나님의 초청이다. '우리 인생을 하나님이 결정하시겠다'고 초청하시면서 결정권을 달라고 말씀하시는 것이다.

아직 결정권을 손에 쥐고 있는가?

여전히 내 결정으로 순종하고 내 결정으로 노력하는가?

그 결과는 언제나 제자리였다. 용기를 가지고 한번 순종에 뛰어들었는데, 어느새 다시 제자리로 돌아가는 자신의 모습을 본다. 예수님을 믿는 다는 것은 줄을 매달고 뛰어내리는 번지 점프가 아니다. 줄까지 자르고 온전히 하나님께 인생을 드리는 다이빙이다.

'큰 일도 작은 일도 내가 결정하지 않겠습니다.'

'결과는 하나님께 맡깁니다.'

이렇게 줄을 끊어버리고 하나님께 결정권을 드릴 때, 그제서야 믿음의 물 속으로 뛰어 들 수 있게 된다. 그제야 하나님과 씨름하는 삶을 청산하고 동행하는 삶이 된다.

하나님을 만나면 달라진다

나는 초등학교 1학년 때부터 교회를 다녔지만, 하나님을 믿지는 않았다. 중학교에 올라가서는 '선생님들의 거짓말'에 속지 않았다. 우리나라에 '단군신화'가 있듯이, 이스라엘에 '예수 이야기'가 있다고 생각했다. '환인이 환웅을 땅에 보낸 것'이나, '하나님이 예수를 땅에 보낸 것'이나 똑같은 신화로 생각했다. '곰이 사람이 되는 것'이나, '죽었다가 3일 만에 살아나는 것'이나 믿을 수 없기는 똑같았다.

단지 교회 생활을 열심히 하며 인정받는 것이 좋았다. 교회 분위기가 좋았고, 교회 문화에 동의하며 살 뿐이었다. 그러던 나에게 하나님이 찾아오셨다. 고등학교 올라가기 전 겨울 방학 때, 하나님이 없다고 생각하던 나에게 생각지도 못한 기도응답을 주셨고, 하나님이 계신다는 것을 부인할 수 없게 만드셨다.

그때 느낀 감정은 두려움이었다. 지금까지 없다고 생각했던 하나님이 곁에 계셨다. 이제는 하나님을 의식하며 생활할 수밖에 없었다. 하나님의 결정에 따를 수밖에 없었다. 교회만 열심히 다니던 사람이 하나님을 믿는 사람이 되었다.

물론 하나님의 결정을 잊을 때도 많다. 익숙한 죄를 좇아 살아갈 때도 많다. 그러나 하나님이 내 인생의 결정권자라는 사실을 놓친 적이 없다. 순종하지 못한 적은 있어도, 순종하지 않아도 된다고 생각해 본 적은 없다. 그분이 결정하시면 그냥 살아갈 뿐이다. 하나님이 주님 되시는 인생이 진짜 인생이다. 그때부터 하나님이 책임지시는 삶이 된다.

### 나에게 절망하라

그런데 이렇게 결정권을 드리기까지가 어렵다.

'정말 그럴까?

정말 하나님의 뜻대로 사는 것이 행복일까?

아직도 내 결정을 붙들고 있어야 될 것 같은데…,

하나님의 뜻은 힘들 것 같은데….'

이 갈등을 넘어서기가 힘들다. 그래서 매번 하나님 앞에 좌절한다. 결국 또 내 뜻대로 결정해 버리고 하나님 앞에서 돌아선다. 이런 자신을 보면서 머리를 파묻고 좌절한다.

그러나 성도는 좌절에서 그치면 안 된다. 좌절을 넘어 절망의 순간까지 가야 한다. '말씀대로 사는 것이 내 힘으로 안 되는구나. 여전히 나는 결정권을 놓지 못하는구나' 라는 절망이 필요하다.

하나님 앞에 엎드린다는 것은 나 자신에게 절망한다는 말이다. 사람들이 넘어지는 이유는 자신에게 희망을 걸고 있어서 그렇다. 그러나 하나님 앞으로 가기 위해 노력하는 사람들이 경험하는 감정은 절망밖에 없다. 하나님께로 가야 한다는 것은 알고 있지만 여전히 자신은 하나님을 따르기 싫어한다는 것을 깨닫기 때문이다. 이 깨달음 끝에 찾아오는 정직한 감정은 절망이다.

그 절망을 느껴야 비로소 결정권을 하나님께 드린다.

'내 힘으로 하나님께 순종할 수 없다.'

'나는 사실 하나님께 나오기 싫다.'

'하나님이 있다는 것은 아는데, 내 인생을 드리고 싶지는 않다.'

'이런 나를 나도 어쩔 수 없다.'

이런 절망을 느낀 사람이 하나님을 따른다. 내 힘으로 살려는 몸부림이 곳곳에서 무너져야 한다. 바벨론은 내 힘을 의지하는 상징이다. 나의 힘을 의지하는 바벨론이 무너져야 신앙이 세워진다. 바벨론이 쌓은 돌이 바벨론의 멸망을 부르짖고 바벨론의 세운 집 들보가 멸망이 당연하다고 말한다(합 2:11 참조).

하나님이 인생에 주인이 되시기 위해 이 과정이 필요하다. 내가 무너지는 아픔의 시간, 슬픔의 시간을 지나야 한다. 회개함 없이 구원은 없다. 하나님이 부르시면 회개부터 시작된다.

## 구원은 절대 평가다

왜 구원이 슬픔의 시간을 지나야 하는가?

하나님은 구원의 기준을 낮추지 않으시기 때문이다. 신앙은 상대 평가가 아니라 절대 평가이다. 공무원 시험은 상대 평가다. 80점 넘으면 다 합격시켜 주는 것이 아니라 100명을 뽑으면 100명 안에 들면 다 합격한다. 만 명이 지원해도 100명 안에 들면 된다. 점수가 60점이 나와도 최소 점수만 넘기면 그 다음부터는 그냥 100등 안에만 들면 된다. 상대 평가다.

그러나 신앙은 상대 평가가 아니다. 옆 사람보다 더 잘하고, 우리 교회에서 가장 잘하고, 서울에서, 대한민국에서 가장 잘해도 아무 소용없다. 출석률 100%, 헌신, 충성, 봉사 등을 잘해도 아무 소용없다.

하나님은 구원에 그어 놓은 선이 분명하시다. 예수 그리스도를 주님으로 모시는 일, 내 인생에 주인을 바꾸고 결정권을 하나님께 드리는 것. 이것 말고는 허용하신 적이 없다.

> 다른 이로써는 구원을 받을 수 없나니 천하 사람 중에 구원을 받을 만한 다른 이름을 우리에게 주신 일이 없음이라 하였더라 (행 4:12).
> 내가 곧 길이요 진리요 생명이니 나로 말미암지 않고는 아버지께로 올 자가 없느니라(요 14:6).

하나님이 그어 놓은 이 구원의 선을 끌어내리지 않는 이상 그 누구도 절망하지 않을 방법이 없다.

### 정직한 절망을 선택하라

목회를 하면서 여러 사람들을 만난다. 그중에 절망을 느껴본 적이 없는 사람들도 본다. 그냥 익숙한 대로 교회 생활을 해나가는 사람들이다. 우리 교회에서 목회를 시작한 지 6개월이 지나지 않아서 한 청년이 목양실로 찾아 왔다.

"목사님 말씀을 들으면 제 신앙이 가짜인 것 같아요."

그때 나는 그 청년을 위로하지 않았다. 그의 생각이 틀렸다고 말하지도 않았다. "그런 생각이 들었다면 네 신앙이 가짜인 것이 맞다"라고 대답해 주었다.

말씀을 들을 때마다 너무 힘들고 버겁고, 말씀을 들을 때마다 나는 하나님과 상관없는 사람 같다는 생각이 드는가?

나는 그 기분과 생각을 위로할 생각이 없다. 아니라고 설명해 줄 생각이 없다. 그런 생각이 든다면 정말 하나님과 상관없는 사람일 확률이 크다. 아니 맞다.

복음 앞에 정직하게 자신을 돌아보는 일은 많이 당황스럽고 많이 힘들기도 하다. 내 모습을 보고 좌절도 되고 실망도 될 것이다. 그래서 구원 교리를 알고 있는 것이 영접이고, 구원의 확신이라는 익숙한 위로 속으로 도망가고 싶다.

그러나 신앙의 좌절을 포기하지 말아야 한다. 좌절을 멈추지 말고 절망의 순간까지 가야 한다. 말씀 앞으로 나 자신을 내 몰아야 한다. 피하고 싶고 도망가고 싶고, 하나님께 변명하고 싶어도 꾹 참고, 내 모습에 절망해야 한다.

사탄은 우리가 하나님 앞에서 절망감을 느끼지 않도록 다양하게 위로한다. 친절하게 말씀도 해석해 준다. 그리고 구원의 선을 낮추어 주고 내려준다. 절망을 느끼면 하나님 앞에 엎드리게 되니까, 적당히 우는 것으로 마음이 불편한 것으로 회개를 대신하게 만든다.

어쩌면 오늘날 우리에게 필요한 것은 하나님의 위로가 아니라 죄로 인한 애통이다. 얼굴을 들고 위로받는 것이 아니라 얼굴을 숙인 채 하나님 앞에 엎드리는 것이다.

### 십자가는 절망 위에 피어난 소망이다

이재철 목사님은 "삶을 알기 위해서는 죽음이라는 거울 앞에 서야 합니다"라고 했다. 죽음이라는 절망이 우리 삶을 하나님 앞으로 이끌어 주기 때문이다. 이처럼 심판 앞에 서야 구원이 있다. 심판이 없다면 구원도 없다. 지금까지 나의 신앙생활을 돌아보면서 하나님 앞에 진심으로 회개함 없이 구원의 교리를 이해하는 것으로 예수님을 받아들였다고 믿고 있다면 그 신앙은 가짜다.

십자가의 보혈이 우리 삶을 지나가면 나타나는 반응이 있다. 가장 선명하게 나타나는 반응은 '열심'도 아니고 '뜨거움'도 아니고 '절망'이다.

'나는 죄인입니다. 나는 하나님 앞에 설 수 없습니다.'

하나님 앞에 얼굴을 들 수 없어 엎드리고 절망하는 것. 십자가는 그 절망 위에 피어난 소망이다.

기독교의 값싼 회개와 거짓 구원을 잘 표현한 영화가 <밀양>

이다. 영화 속 여주인공 이신애는 아들과 둘이 살아가는 여자다. 어느 날 그의 아들 준이 유괴되어 싸늘한 시신이 되어 돌아온다. 그리고 시간이 흘러 감옥에 있는 범인 도섭을 마주한다. 그 범인은 감옥에서 이신애를 보면서 이렇게 말한다.

"저는 이곳에서 하나님 사랑을 알고 비로소 마음의 평화를 얻었어요. 저도 믿음을 가지게 되었습니다. 하나님이 감사하게도 저 같은 놈에게 손 내밀어 주시고, 제 죄를 용서해 주셨습니다."

이 말을 들은 신애는 갑자기 돌변한다.

"하나님이…죄를 용서해 주셨다구요?"

"예! 눈물로 회개하고 용서를 받았습니다. 그리고 나서 마음에 평화를 얻었습니다."

범죄자 도섭이 정말로 회개했다면 과연 신애 앞에서 저런 모습을 보일 수가 있을까?

그렇지 않다. 죄에 대해서 철저한 엎드림 없이 회개했다고 말하는 것은 거짓이다. 범죄자 도섭이 말하는 용서는 피해자 신애의 아픈 감정을 멸시하는 가증함일 뿐이고 자신과 신애, 심지어 하나님을 속이는 기만일 뿐이다. 죄에 대한 엎드림 없이 예수를 믿는다고 말하는 것은 하나님을 멸시하는 것이다.

"정말 비참합니다."

비참하다고 말하면서 얼굴은 웃고 있다면 그것은 거짓이다.

사람 사이에서는 있을 수 없는 일이다. 그러나 오늘날 하나님 앞에서는 너무나 자연스럽게 이루어지는 일이다.

나는 지금 말씀을 통해 절망을 권면한다. 말씀을 조금 더 잘 전할 수 있다면, 조금 더 잘 설명할 수만 있다면 우리 모두의 마음 가운데 '자신에 대한 절망'을 선물하고 싶다. 그 절망이 우리를 십자가로 이끌어 갈 것이기 때문이다. 내 모습과 내 힘으로는 더 이상 아무것도 할 수 없음을 느껴서 하나님 앞에 엎드리는 것 말고는 답이 없다는 것을 알게 되기 때문이다.

신앙은 자신에게 절망하는 것이다. 그런 절망 속에 있는 우리를 하나님은 포기하지 않으신다. 우리를 안아 주시고, 회복시켜 주신다. 나를 향해 절망할 때 비로소 하나님만 소망하게 된다.

### 엎드리는 사람은 넘어질 일이 없다

내 욕심, 내 죄로 살아가는 바벨론은 무너져야 한다. 이스라엘은 완전히 멸망한 후에 신앙이 회복되었다. 내 모습에 절망하고 하나님 앞에 엎드리면 하나님이 붙들어 주신다. 회복시켜 주신다. 그때부터 새로운 삶이 시작된다.

정호승 시인의 <내가 사랑하는 사람>이라는 시의 일부다.

나는 눈물이 없는 사람을 사랑하지 않는다
나는 눈물을 사랑하지 않는 사람을 사랑하지 않는다
나는 한 방울 눈물이 된 사람을 사랑한다
기쁨도 눈물이 없으면 기쁨이 아니다
사랑도 눈물 없는 사랑이 어디 있는가

구원은 정직한 절망 속에서, 회개의 눈물 속에서 피어나는 꽃이다. 바벨론의 교만이 무너진 자리에 이스라엘의 회복이 꽃 피듯이, 십자가는 내가 무너진 자리 위에 세워진다.

> 네가 만일 네 입으로 예수를 주로 시인하며 또 하나님께서 그를 죽은 자 가운데서 살리신 것을 네 마음에 믿으면 구원을 받으리라 사람이 마음으로 믿어 의에 이르고 입으로 시인하여 구원에 이르느니라(롬 10:9-10).

입으로 시인하는 것은 앵무새 같은 따라 함이 아니다. 예수님이 내 인생의 주님이라고 마음으로 믿은 것을 입술로 고백하는 것이다. 하나님께 인생의 결정권을 드리는 것이 믿음이다. 하나님께 정직하게 엎드리는 것이다. 그때 믿음이 세워진다.

**하박국 2장 12-14절**

피로 성읍을 건설하며 불의로 성을 건축하는 자에게 화 있을진저 민족들이 불탈 것으로 수고하는 것과 나라들이 헛된 일로 피곤하게 되는 것이 만군의 여호와께로 말미암음이 아니냐 이는 물이 바다를 덮음 같이 여호와의 영광을 인정하는 것이 세상에 가득함이니라

# 9

## 하나님과 비교할 수 있는 것은 없다

### Better는 Best의 적이다

짐 콜린스(Jim Collins)는 『좋은 기업을 넘어 위대한 기업으로』에서 "위대한 기업이 되려면 좋은 기업이 되려는 생각을 버리라"라고 말한다. 그러면서 말한다.

"좋은 것은 위대한 것의 적이다."

'Best'의 반대가 'Worst'가 아니라 'Good'이라는 것이다. 'Good'(좋은 것)뿐 아니라 'Better'(더 좋은)도 'Best'(최고)의 적이다. 남보다 잘하는 'Better'에 만족하는 순간 'Best'(최고)가 될 수 없다.

한국 교육은 'Better' 교육이다.

학교에서 아이가 시험을 쳤다. 그래서 엄마에게 자랑한다.

"엄마! 나 수학 90점 맞았어."

그러면 엄마는 이렇게 대답한다.

"우와 잘했네. 그런데 다른 애들은 몇 점이니?"

내 아이의 '점수'보다 중요한 것이 '등수'이다. 'Better'이다. '내가 잘하는 것'보다 '남들보다 잘하는 것'이 더 중요한 환경에서 자라고 있다. 입시도 실력으로 뽑는 것이 아니라 등수로 뽑는다. 그러니 실력을 쌓는 것이 아니라 성적을 쌓는다. 자기 자신에게 집중할 수 없다. 두리번거리느라 진짜를 놓쳐버린다.

사울 왕이 넘어진 것이 'Better'이다. 다윗이 골리앗을 죽인 모습을 보고 그를 장수로 삼는다. 그리고 다윗을 여러 전쟁터로 보냈다. 다윗은 사울이 보내는 곳마다 가서 승리를 한다. 그러면 다윗의 명성도 올라가지만, 사울 왕의 명성도 올라가게 되어 있다. 원래 장수의 영광은 왕의 영광이다. 이건 사울 왕에게도 좋은 일이다. 그런데 사람들이 하는 말이 이렇다.

> 사울이 죽인 자는 천천이요 다윗이 죽인 자는 만만이로다
> (삼상 18:7).

그러면 '우리 장군 잘했네. 수고했네' 이러면 되는데, 'Better'의 마음이 들어온다. '나보다 더 잘했다고?'라고 비교하는 인생

이 되어 버렸다. 'Better'에 집중해서 본질을 놓치고 말았다.

신학대학교 예배 시간에 간증자로 한 분이 오셔서, 자신이 어떻게 신학교까지 오게 되었는지 간증을 했다.

'인생을 어떻게 살 것인가?' 고민하면서 논어와 맹자 등 유교의 가르침을 열심히 연구했습니다. 그런데도 거기에서도 답을 찾지 못해서, 이번에는 불교를 열심히 연구해 보았습니다. 불공도 드리고 설법도 듣고, 불교에 대해서도 공부하고, 그러면서 내린 결론이 '여기에는 진리가 없다'는 것이었습니다. 그러면서 성경을 보았는데 진리가 여기 있었습니다.

그러면서 본인이 기독교를 선택하고 신학교까지 오게 되었다는 이야기였다. 학생들이 그 간증을 듣고 많은 감동과 도전을 받았다. 예배가 마치고 수업시간이 되었는데 신학교 교수님이 이런 말씀을 하셨다.

여러분들 오늘 예배 때 많은 은혜 받으셨지요? 진리를 향한 열정과 마음이 참 도전이 되었습니다. 멋진 삶이고 결단입니다. 그런데 저는 들으면서 한 가지 걱정되는 것이 있었습니다. 이곳이 마지막이어야 할 텐데요.

다른 곳보다 더 나아서 'Better' 때문에 기독교를 선택했다면, 기독교보다 더 나은 것이 있다고 생각하는 순간 이전에 유교와 불교를 버렸듯이 하나님도 버릴 수 있다는 말이 된다.

## Better 신앙

신앙생활도 'Better'로 하는 사람이 있다. 내 힘으로 사는 것보다 하나님이 좀 나아 보이니까 신앙을 선택한다. 절에 가는 것보다 기독교가 좀 더 세련되어 보이니까, 기도 응답이 잘될 것 같으니까 신앙을 선택한다. 교회를 다니는 사람들 중에도 '절에 가서 불공드리면 우리 아이가 무조건 SKY 대학에 들어갈 수 있다'면 특별 새벽기도 팽개치고 봉은사 100일 기도 갈 분들이 있다.

'우리 애는 취업이 안되서 고민인데, 옆집 애는 공부도 못하는데 절에 가서 불공드리더니, 공무원 시험에서 찍는 것마다 정답이어서 합격했다더라.'

이렇게 하나님보다 부처님이 더 효험이 있어 보이면 갈아타려고 준비하는 사람들이 있다. 'Better' 신앙이다.

신앙은 다른 신보다 하나님이 좀 더 괜찮아 보여서 하나님을 섬기는 것이 아니다. 하나님이 창조주이시며 유일하신 분이기 때문에 하나님께 예배하는 것이다.

이스라엘아 들으라 우리 하나님 여호와는 오직 유일한 여호와이시니 너는 마음을 다하고 뜻을 다하고 힘을 다하여 네 하나님 여호와를 사랑하라(신 6:4-5).

신앙은 'Better'를 찾아 두리번거리는 것이 아니다. 하나님의 사랑으로 심장이 두근거리는 것이다. 하나님의 사랑, 십자가의 사랑 때문에 두근거리는 것이 신앙이다.

사랑에 빠졌다는 말은 그 사람밖에 안 보인다는 말이다. 사랑에 빠졌다고 말하면서 다른 여자 만나러 다니고, 다른 남자 만나러 다니고 그러면 사랑에 빠진 것이 아니다.

우리가 신앙이 약해질 때가 언제인가요?

하나님보다 다른 것이 눈에 들어올 때다. 학생, 청년들은 하나님보다 친구가, 남자 친구와 여자 친구가 더 눈에 들어올 때다. 성적 때문에 하나님에 대한 생각이 밀려날 때다. 신앙이 흔들리면 다른 것이 더 대단하게 보이기 시작한다.

지금 바벨론은 자신들을 대단하게 보이려고 노력한다. '피로 성읍을 건축하고, 불의로 성을 건축했다'고 말한다. 자신의 나라와 왕조의 안전을 위하여 다른 사람들로부터 재산을 훔치고 빼앗았다. 그것을 가지고 큰 성을 만들고 대단한 도시를 건설했다. '내가 최고다' 이것을 과시하고 싶어 했다.

사탄의 전략은 우리를 바벨론처럼 만드는 것이다.

'하나님을 무시하고, 너의 결정을 최고로 여겨라. 말씀보다 네 생각이 더 옳다. 말씀은 교회에서 따르고 세상에서는 너의 경험과 판단을 믿어라. 너의 감정이 말씀보다 우선하다.'

이렇게 속삭인다. 불순종을 크게 두 가지로 설명할 수 있다. 첫째, '내 감정이 말씀을 이긴 것'이요, 둘째, '내 판단이 말씀을 이긴 것'이다.

"목사님, 저 교회 안 다닐래요."

"왜 무슨 일인데?"

"선생님이 저에게 상처 줬어요."

상처가 우상이다. 감정이 우상이다. 감정이 하나님보다 더 대단해졌다.

"꼭 주일을 지켜야 하나요?

마음이 중요하잖아요. 마음으로 예배드리면 안돼요?

꼭 용서해야 하나요?"

내 판단이 말씀을 이기기 시작한다. 교회 다니지 않는 사람들의 가장 큰 이유는 '내 생각이랑 맞지 않아서'이다. 내 판단이 우상이다. 바벨론 같은 모습이다.

Best 신앙

이스라엘 입장에서 'Better'로 보면 하나님보다 바벨론이 나아 보인다. 하나님은 바벨론의 손에서 자신들을 구해주지 못했기 때문이다. 바벨론이 더 강해 보이기 때문이다. 그때 하나님이 하박국을 통해 말씀하신다.

"내가 바벨론을 허물어 버리겠다."

하나님이 말씀하신다.

"너희가 높아지려고, 너희 영광을 위해서 수고하고 애써서 만든 것을 다 허물어 버리겠다."

그러면서 이렇게 말씀하신다.

"왜냐하면 이 세상에는 하나님의 영광만이 가득하기 때문이다. 바다는 온통 물이잖아. 그것처럼 하나님의 영광이 온 세상에 가득한 거야."

바벨론은 당시 최강대국이다. 아무도 그 앞에서 도전할 수도 없고 서지도 못한다. 사람들은 바벨론이 최고라고 생각한다. 그러나 그런 바벨론도 하나님 앞에서는 비교가 안 된다. 우리가 믿는 하나님은 그 무엇과도 비교할 수 없는 분이다. 성도가 소망을 가지며 살아갈 수 있는 이유가 여기에 있다.

우리가 겪는 어떤 문제도 하나님을 넘어서지 못한다. 하나님은 문제보다 큰 분이다.

신앙은 가능성이 아니다

소망은 하나님의 크기를 보는 것이다. 하나님을 '다른 것보다 나은 정도'로 보는 'Better' 신앙은 더 큰 문제가 오면 넘어지지만 하나님을 '비교할 수 없이 큰 분'으로 보는 'Best' 신앙은 문제 속에도 넘어지지 않는다. 넘어지는 신앙은 하나님의 크기를 보지 않고 문제의 크기만 본다. 내 크기만 본다. '내가 할 수 있으랴?'는 가능성을 본다.

어떤 분들은 기도도 가능성으로 기도한다. 기도제목을 물어보면 두루뭉술하게 말한다.

"신앙이 성장하게 해주세요."

혹은, 이번 주 삶에서 가능할 만한 것을 이야기한다.

"이번 주에 시험이 있는데 잘 보게 해주세요."

기도하면 좋은 일이 일어날 가능성이 조금 더 올라간다고 생각한다.

그러나 예수님은 가능성을 보지 않는다. 수많은 사람들이 배고파 할 때, 예수님은 제자들에게 "너희들이 먹을 것을 주라"고 말씀하신다. 그때 제자들은 가능성을 이야기한다.

'예수님, 200데나리온이 필요합니다.'

'2,000만 원은 있어야 될 것 같은데요.'

가능성을 보고 '안 된다'고 말한다. 그때 예수님은 하나님께 기도하시고, 물고기 두 마리와 떡 다섯 개로 오천 명을 먹이신다. 제자들은 가능성을 보고, 예수님은 하나님을 보셨다. 하나님은 200데나리온과 비교할 수 없이 크신 분임을 보여 주셨다.

신앙생활은 가능성을 높이는 확률 게임이 아니다. 하나님의 일하심을 소망하는 기적 체험이다. 어떤 분들은 전도도 가능성으로 한다.

"목사님! 교회로 한 번 데리고 올 수는 있겠는데, 계속 잘 다닐지 모르겠어요. 그래서 못 데려오겠어요."

가능성만 계산한다.

"그 친구는 말해도 안 올 거예요."

"그러면 위해서 기도하자."

"기도해도 안 돼요."

가능성만 본다. 헌신도 가능성만 본다.

'내 형편에 할 수 있는 헌신인가?'

'내 처지에 감당할 수 있는가?'

'괜히 아멘 했다가 넘어지는 거 아냐?'

'괜히 한다고 했다가 잘 못하는 거 아냐?'

헌신은 '할 수 있을까 없을까?' 이것이 판단의 기준이 아니다. '하나님이 나에게 주신 사명인가 아닌가?' 이것이 판단 기준이다.

가능성이 아니라 소망이다

이스라엘 백성들은 바벨론만 보면 회생 가능성이 없다. 바벨론 앞에 이스라엘은 한없이 무기력하다. 그러나 이스라엘의 회복은 가능성에 달린 것이 아니라 바벨론과 비교할 수 없이 크신 하나님에게 달려있다. 가능성이 아니라 소망이다.

인도에서 사역하시는 한 선교사님이 '인도친구'라는 가명으로 글을 쓰셨다. 혹시나 사역에 지장이 될까 실명은 밝히지 않는다. 글의 제목이 "제자들을 보내며"이다. 현지 인도인을 전도하셔서 그들을 다시 삶의 터전으로 보내시면서 쓰신 글이다.

온갖 회유와 핍박이 기다리는 곳으로 제자들을 보냄이
양을 이리 떼 가운데로 보내는 것 같아 안쓰럽다.
지혜롭고 순결하게 복음을 전하며 살아남을 수 있을까?
가족들 양식은 먹일 수 있을까?
자녀들 학비 걱정에 기도는 할 수 있을까?
몸은 죽여도 영혼은 죽이지 못하는 자들을 두려워하지 말라고 힘 주어 손잡고 당부하지만 그것이 무엇을 뜻하는지 알기에 사실 나는 두렵다.

주일예배 중에 끌려가 뺨을 맞고 토요일 저녁 어둠 속에서 총 맞아

쓰러지는 것을 보았기에 힘주어 손을 잡는 저들의 등을 떠밀지는
못하겠다.

예수님은 도대체 어쩌시려고
저들을 그냥 가라고 하시는가?
뭐라도 있는 듯이 힘차게 손을 흔들지만
대책 없이 돌아서는 나의 빈손은 미안하다.
쓸쓸하고 허전하여 그 손을 모은다.

인도에서 힌두교 정권이 들어서면서 소고기를 먹는다는 이유로 돌에 맞아 죽는 일이 심심치 않게 일어난다. 그런 일들을 보면서 정부는 처벌하지 않는다. 이런 상황에서 선교사님은 크리스천이 된 인도인들을 가정과 사역지로 보내야 했다.

선교사님이 인도인들을 보낼 때 가능성으로 보내신 것이 아니다. 가능성보다는 두려움과 염려가 더 많았다.

"뭐라도 있는 듯 힘차게 손을 흔들지만, 대책 없이 돌아서는 나의 빈손은 미안하다."

선교사님이 흔들어 주신 손은 분명히 가능성이 적은 빈손이다. 그러나 그 빈손을 모아 기도할 때 가능성보다 큰 소망이 가득 찬 손이 된다. 바벨론의 영광과 비교할 수 없는 하나님의 영

광이 온 세상을 덮고 있듯이, 힌두교 정부의 권력보다 비교할 수 없이 크신 하나님의 손이 인도친구 선교사님과 인도 성도들의 소망이다.

월요일이 되면 사탄은 우리에게 많은 것을 가지고 와서 하나님과 비교하려고 한다. 돈으로 하나님을 비교하려고 한다. 직장으로 하나님을 비교하려고 한다. 잘 나가는 삶, 부유한 삶, 대단해 보이는 삶으로 하나님과 비교하려고 한다.

그들의 비교에 우리는 얼마나 빈손일 때가 많은가?

내가 가진 것을 남들과 비교할 때 얼마나 무기력하게 보일 때가 많은가?

남들은 성도의 빈손이 가능성이 없는 손이라고 말한다. 그때 우리는 비어있는 두 손을 가지런히 모아 기도한다. 일터로 떠나는 가족을 향해, 학교로 가는 자녀들을 향해 가능성보다 비교할 수 없게 크신 하나님이 함께해 달라고 기도한다. 빈손이 소망의 손이 되는 순간이다.

### 소망은 행동한다

가능성을 보면 계산한다. 내 능력의 크기, 앞으로 찾아올 미래, 하나하나 계산한다. 계산하느라 앉아 있고, 계산하느라 늘 같은 자리만 맴돌고 있다. 가능성은 행동하지 못하고 계산만 하게 만든다. 그때 소망을 품은 성도는 행동한다. '전도할 수 있을까?' 계산할 때, '이번 주에 저와 함께 우리 교회 예배 가보지 않을래요?' 제안한다.

기도제목을 키워라. 가능성을 말하지 말고 하나님의 꿈, 소망을 말하라. 매일 안 미워하는 것만 기도제목일 수 없다. 매일 '사랑할 마음을 주세요'가 기도제목일 수 없다. 그건 가능성이다.

'저와 불편한 그 사람을 이번 주에는 찾아가겠습니다.'

'제가 먼저 사과하고, 제가 먼저 용서하겠습니다.'

가능성은 계산만 할 때 소망은 행동하게 만든다.

순종에 실패하는 이유는 가능성을 계산하고 있기 때문이다. 믿음의 인물 중에 계산해서 나온 답을 가지고 순종한 사람은 없다. 오히려 하나님을 만나면 가능성이 줄어든다.

아브라함에게 75세는 그래도 가능성의 나이일 수 있다. 그런데 하나님을 만나고 100세까지 기다려야 한다. 가능성은 줄어든다. '다메섹 사람 엘리에셀'은 상속자로 가능성이 있었다. 그런데 하나님은 "아브라함의 몸에서 태어날 사람이 상속자가 될 것"이라고 말씀하신다. 가능성 제로다.

기드온은 가능성 제로 때문에 하나님을 경험했다. 기드온이 전투에 나갈 때 처음에는 3만 명이 넘는 사람들이 싸우겠다고 찾아왔다. 그때 하나님은 너무 많다고 하신다. 만 명으로 줄인다. 가능성이 줄어들었다. 하나님이 하셔야 할 영역이 커졌다. 다시 300명으로 줄였다. 이제 가능성은 제로다. 그리고 승리했다. 하나님은 3만의 군사력 비교할 수 없는 분이다. 그래서 힘든 일을 만날수록 더 큰 하나님을 경험하게 된다.

바벨론의 성은 크면 클수록 좋다. 그것보다 더 큰 하나님을 보여줄 수 있기 때문이다.

오래된 기도제목이 있는가?

자녀의 구원을 위해, 부모님을 위해 10년, 20년 드린 기도제목이 있는가? 이제는 그러려니 하고 포기하고 있는 기도제목이 있는가?

그 기도제목을 통해 하나님을 경험하게 될 것이다. 매울 수 없는 큰 동굴일수록 뚫리고 나면 큰 터널이 된다. 큰 장애물일수록 큰 하나님을 경험하는 통로가 된다.

### 하나님께 줄 서라

하나님 크기를 아는 성도는 일찌감치 하나님에게 줄을 선다. 지금 누가 봐도 바벨론이 강해 보이고, 바벨론의 영광이 커 보인다. 그러나 하나님이 하박국 선지자에게 보여주시는 것은 하나님의 영광이다. '물이 바다를 덮음같이 가득한 하나님의 영광'을 보여주신다. 바벨론 따라가지 말고, 하나님께 줄을 서라는 말씀이다. 승리는 하나님의 손에 달려있기 때문이다. 하나님께 줄을 서는 것이 승리다.

성경에 등장하는 어리석은 이스라엘 왕들을 보면 안타깝다. 이스라엘 최초의 왕 사울도 하나님을 잘 붙들고 갔으면 좋았을 텐데 중간에 하나님을 떠난다. 북 이스라엘 여로보암 왕도 하나님이 그를 왕으로 세워주셨는데, 결국 하나님을 떠난다. 끝까지 하나님께 줄 서 있으면 되는데 중간에 다른 줄로 갈아타서 결국 어려움을 당한다.

우리 삶에도 이스라엘 왕 같은 어리석음이 있다. 하나님을 다른 것과 비교한다. 하나님만 선택하는 것이 승리라는 것을 알지만 어느 순간 다른 것을 선택한다.

### 카산드라 콤플렉스

심리학에서는 이런 모습을 '카산드라 콤플렉스'라고 말한다. 카산드라는 아름다운 트로이의 공주였다. 카산드라의 미모에 반한 태양신 아폴론이 카산드라에게 구애를 한다. 그때 카산드라는 '태양신이 가진 예언의 능력을 자신에게 주면 그 사랑을 받아들이겠다'고 말한다. 그러자 아폴론은 그녀에게 미래를 내다볼 수 있는 예지력을 주고 청혼을 한다.

그러나 카산드라는 아폴론에게 그 예지력만 받고 청혼을 거절한다. 처음부터 아폴론의 구애를 받아들일 마음이 없었던 것이다. 너무 화가 난 아폴론은 그래도 침착하게 카산드라에게 한 가지를 요구한다.

"당신의 마음을 알겠다. 그러면 마지막으로 이별의 키스를 해줄 수 있겠느냐?"

카산드라가 마지막 키스를 허락했다. 아폴론은 키스를 하려고 그녀의 입에 입맞춤을 하면서 그녀의 입에서 설득력을 빼앗아가 버렸다. 아폴론의 목적은 이별의 키스가 아니었다. 카산드라에게 속은 것에 화가 나서 그녀에게 저주를 내리려고 한 것이다.

그러니 이제 카산드라는 미래를 내다보는 힘은 생겼는데, 설득력을 빼앗겨 버려서, 아무도 그녀의 말을 믿지 않는 것이다. 그 누구도 설득할 수 없었다. 트로이 전쟁이 일어날 때도 트로이의 멸망을 계속 이야기했지만 아무도 믿어주지 않았다. 오히려 군대의 사기를 떨어뜨린다고 미친 여자 취급을 당하기 시작했다. 특히 트로이 목마에 사람들이 숨어 있다는 것도 예언했지만 아무도 믿어주지 않는다. 카산드라의 말을 듣지 않은 트로이는 결국 그리스에 멸망당하고 만다.

이 신화에서 유래 된 것이 '카산드라 콤플렉스'이다. 사람들이 옳은 말을 해주어도 받아들이지 않는 것을 말한다.

'건강을 위해서는 운동을 해라, 하루에 한 시간은 꾸준히 걸어라, 야식 먹지 말고, 과식하지 마라'라는 말이 옳은 줄을 다 안다. 그런데 듣지 않는다. 자꾸 외면하고 싶어진다.

그러나 다른 것은 몰라도 하나님의 편에 서기 위해서는 카산드라 콤플렉스를 뛰어 넘어야 한다. 그렇지 않으면 결국 망하는 인생이된다. 바벨론은 끝까지 자기들의 힘으로 성을 쌓고 성읍을 만든다. 하나님보다 더 영광스러워지려고 한다. 그 결과 지금은 역사에서 흔적도 없이 사라져 버렸다.

성경은 우리에게 하나님을 보여준다.

"태초에 하나님이 천지를 창조하셨느니라."

이것은 우주의 기원을 알려 주려는 것이 목적이 아니다. 하나님이 세상에서 가장 큰 분이라는 것을 알려주시는 것이 목적이다. 그래서 하나님에게 줄을 서라고 초청하시는 것이다. 그 무엇과도 비교할 수 없는 하나님의 편에 서는 것이 승리다.

### 주 예수보다 더 귀한 것은 없다

어떤 분들을 보면 하나님께서 특별히 은혜를 주시는 분들이 있다. 하나님께 헌신하고 섬겼더니 물질의 복도 주시고, 자녀들이나 관계에 복도 주시고, 그래서 헌신은 잘한다. 그런데 삶에서 하나님 앞에 순종하거나 하나님 뜻대로 사는 모습은 적다.

이것은 하나님이 복 주신 목적을 오해해서 그렇다. 하나님은 우리에게 '하나님께 헌신하면 물질의 복을 받는다'는 것을 알려주려는 것이 아니다.

'모든 것은 하나님께 달려있다. 이제 하나님의 편에 서서 살아라.'

이 말씀을 하시는 것이다. 기도하면 응답해 주신다. 그런데 여전히 기도응답 해주시는 분으로만 머물러 있다.

'내 힘보다는 기도가 조금 더 나은 것 같더라.'

이것은 'Better'이다. 기도응답을 주시는 이유는 '하나님은 그 무엇과도 비교할 수 없는 분이다'는 것을 알려주시는 것이다. 하나님께 줄을 서라고 우리를 붙들고 계시는 것이다.

교회에서 진행한 장례식 중에 인상 깊은 장례식이 있다. 요양병원에 계시다가 돌아가신 집사님의 장례식이다. 그분이 요양병원에 계실 때 심방을 가면 병상에서도 꼭 빠지지 않고 불렀던 찬송가가 있다. 새찬송가 94장 <주 예수보다 더 귀한 것은 없네>이다.

장례예배 때 함께 참여한 모두가 그 찬양을 불렀다. 장례식은 인생의 마지막을 생각하게 한다. 인생의 마지막을 생각하며 다 함께 찬송으로 고백했다.

주 예수보다 더 귀한 것은 없네
이 세상 부귀와 바꿀수 없네

영 죽을 내대신 돌아가신

그 놀라운 사랑 잊지 못해

세상 즐거움 다 버리고

세상 자랑 다 버렸네

주 예수보다 더 귀한 것은 없네

예수밖에는 없네

우리 삶에서도 나를 어렵게 만드는 문제가 있을 수 있다. 때로는 다른 것이 하나님보다 더 좋아 보이는 착시 현상이 있을 수 있다. 그때마다 우리는 이 찬송을 불렀으면 좋겠다. 소리 내서 부르고, 마음속으로 불렀으면 좋겠다.

'주 예수보다 더 귀한 분은 없다.'

하나님과 비교할 수 있는 것은 아무것도 없다.

## 하박국 2장 15-20절

이웃에게 술을 마시게 하되 자기의 분노를 더하여 그에게 취하게 하고 그 하체를 드러내려 하는 자에게 화 있을진저 네게 영광이 아니요 수치가 가득한즉 너도 마시고 너의 할례 받지 아니한 것을 드러내라 여호와의 오른손의 잔이 네게로 돌아올 것이라 더러운 욕이 네 영광을 가리리라 이는 네가 레바논에 강포를 행한 것과 짐승을 죽인 것 곧 사람의 피를 흘리며 땅과 성읍과 그 안의 모든 주민에게 강포를 행한 것이 네게로 돌아오리라 새긴 우상은 그 새겨 만든 자에게 무엇이 유익하겠느냐 부어 만든 우상은 거짓 스승이라 만든 자가 이 말하지 못하는 우상을 의지하니 무엇이 유익하겠느냐 나무에게 깨라 하며 말하지 못하는 돌에게 일어나라 하는 자에게 화 있을진저 그것이 교훈을 베풀겠느냐 보라 이는 금과 은으로 입힌 것인즉 그 속에는 생기가 도무지 없느니라 오직 여호와는 그 성전에 계시니 온 땅은 그 앞에서 잠잠할지니라 하시니라

# 10
## 거절이 실력이다

버려라

「뉴욕타임스」가 스티브 잡스(Steven Paul Jobs)와 인터뷰를 하면서 이렇게 물었다.

"아이들이 아빠가 개발한 아이패드를 애용하고 있는가요?"

스티브 잡스는 이렇게 대답했다.

"저는 아이들에게 아이패드를 주지 않습니다."

아이패드뿐 아니라 스마트폰을 너무 많이 사용하는 것을 원치 않는다고 말하며 집에서 스마트폰 사용 시간을 통제하고 있다고 말했다.

스티브 잡스 자신도 정말 필요하다고 느끼는 때를 빼고는 휴대전화를 가지고 있지 않았다. 출장 때도 컴퓨터를 두고 다니는 때가 더 많았다. 자기가 만들어 놓은 스마트폰 때문에 다른 사람들은 그것만 보고 있는데 정작 본인은 꼭 필요한 경우가 아니면 가지고 있지도 않았다.

컴퓨터 프로그램 개발로 부자가 된 빌게이츠 역시 「데일리미러」와 가진 인터뷰에서 "자녀를 양육하면서 14세가 될 때까지 스마트폰 사용을 철저히 금지했다"고 밝혔다. 그는 또 "14세가 넘어서도 저녁식사 시간부터 잠잘 때까지 휴대폰을 사용하지 못하도록 했다"라고 말했다. 사용할 수 있다고 해서 다 사용하는 것이 아니다. 사용하지 않는 것이 가장 잘 사용하는 것일 때가 있다. 때로는 비우고 버려야 더 중요한 것을 얻을 수 있기 때문이다.

버리는 것 하면 가장 대표적인 사람이 『설레지 않으면 버려라』의 저자 곤도 마리에다. 그녀는 버리는 삶을 강조한다. 그러면서 버리지 않고 남길 물건을 고르는 기준이 '만졌을 때 설레는가?'라고 한다. 그녀는 "사람들이 두근거리지 않는 것에 둘러싸여 거기에 에너지를 빼앗긴다"라고 말하며 자신의 주변에서 두근거림이 없는 물건은 미련 없이 버렸다. 그 이후에는 정말 좋아하는 것들로만 삶이 채워진다는 것이다.

사람과의 관계에서도 버려야 할 것들이 있다. 그중 하나가 선입견이다. 미국에 브레슬린이라는 여성 장애인이면서 변호사가 있다. 장애인 인권 운동가로도 유명한 사람이다. 한 날은 미국 어느 공항 한쪽에서 전동휠체어에 앉아 커피를 마시고 있었다. 그때, 한 여인이 그 옆을 지나면서 브레슬린이 들고 있던 컵에 25센트짜리 동전을 던졌다.

동전이 컵에 빠지면서 커피를 튀겨 브레슬린의 옷을 더럽히자, 그 여인은 자신의 실수를 알아차리고 허겁지겁 도망치고 말았다. 장애인이 휠체어를 타고 손에는 컵을 들고 있는 모습, 그 모습만 보고 구걸하고 있는 사람이라고 생각한 것이다.

내가 알고 있는 정보가 선입견이라면 그 정보를 버리는 순간 더 많은 것을 알게 된다. 관계가 깊어지게 된다. 인생은 있어서 행복한 것도 있지만, 없어서 행복해지는 것도 많다. 그래서 채우는 것만큼이나 필요한 것이 버림이다.

신앙생활도 그렇다. 믿음을 지키고 하나님 앞에 쓰임받는 사람들의 공통점은 버려야 할 것들을 잘 버린 사람들이다. 하나님이 쓰시는 사람들은 버림의 시간을 가진 사람들이다. 요셉은 노예 생활과 감옥 생활을 통해 어리광부리던 모습을 버렸다. 아버지를 의지하던 삶이, 하나님을 의지하는 삶이 되었다. 아나니아와 삽비라는 재물에 대한 욕심을 버리지 못하고 결국 하나님께 버림받았다. 다윗은 사울 왕에게 쫓겨 다니면서 자신을 의지하는 마음을 버렸다.

고난이 왜 끊임없이 찾아오는가?

불필요한 것을 버리게 하시려는 하나님의 의도가 있다. 그 시간을 통해 버림을 경험하게 된다. 우리를 하나님 앞에 서게 만들어 준다.

비우려면 거절하라

버림은 고난을 통해서만 가능한 것이 아니다. 고난 없이 버리는 방법도 있다. 거절이다. 거절은 들어오는 것을 막는 것이다. 버릴 일을 만들지 않게 해준다. 거절은 고난 없이도 우리 삶을 비우게 만든다. 거절은 비움이다.

음식을 먹고 체하면 일단 먹는 것을 멈춰야 한다. 먹는 것을 거절해야 한다. 그리고 체한 것이 내려갈 때까지 기다려야 한다. 그때 좋아하는 음식이 있다고 먹으면 더 탈이 난다.

신앙생활도 잘하다가도 체할 때가 있다. 말씀도 목에 걸리고, 예배 자리에 나오는 것도 힘들고, 기도 생활도 잘 안 되고, 신앙이 짐스러워질 때가 있다. 그때 신앙이 회복되려면 거절하는 것부터 회복해야 한다. 신앙생활에서 최고의 거절은 죄를 거절하는 것이다.

바벨론에게 가장 큰 불행은 죄에 브레이크가 없는 것이다. 그들은 죄를 멈추지 않았다. 계속 다른 나라를 공격하고 점령하고, 거기서 끝나는 것이 아니었다. 점령지에서 횡포를 부린다. 사람들에게 억지로 술을 먹이고, 음란한 행동을 한다.

본문 17절에 레바논에 대한 이야기가 나온다. 레바논은 백향목이라는 좋은 목재가 나오는 나라다. 바벨론은 그 나라를 점령해서 나무를 무분별하게 베어버린다. 그것으로 도시 건설하고, 화려한 궁전을 지었다. 우리나라는 이런 아픔을 잘 안다. 일본이 자원을 다 가져가고, 나중에는 숟가락, 밥그릇, 쇠라는 쇠는 다 가져갔다. 바벨론도 레바논에게 그렇게 했다. 숲이 사라질 만큼 나무를 잘라버렸다. 브레이크가 고장 난 차처럼 죄를 향해 멈추지 않고 달려간다. 죄에 브레이크가 없다.

죄에 브레이크를 걸지 않으면 두 가지 결말이 찾아온다.

**첫째**, 이스라엘 같은 결말이다. 하나님이 죄를 막아서신다. 나라가 망하고 포로로 끌려간다. 큰 아픔을 당하고 그제서야 죄를 멈춘다. 하나님이 강제로 브레이크를 거신다.

**둘째**, 바벨론 같은 결말이다. 진짜 위험한 결말이다. 죄를 범해도 아무런 일이 없다. 끝까지 죄를 멈추게 하는 고난이 없다. 결국 하나님께 돌아오는 길 없이 멸망한다. 멸망하는 그 순간까지 끝내 멈추지 못한다.

성도의 결말은 첫 번째다. 하나님이 포기하지 않으시기 때문이다. 그래서 성도는 강제로 브레이크 걸리기 전에 스스로 죄를 거절해야 한다.

## 익숙하게 들어오는 죄를 거절하라

먼저 내 안으로 들어오려는 죄를 거절해야 한다. 지금 바벨론을 막아설 수 있는 나라는 없다. 아무도 바벨론을 제지하지 않는다. 다른 나라 사람들에게 술을 먹이고, 그들의 옷을 벗기고, 나라를 다 파괴하고, 죄에 죄가 더해지고 있는데도 막아설 나라가 없다. 죄가 삶이 되어버렸다. 바벨론이 죄고, 죄가 바벨론이다. 하나가 되어버렸다.

사탄은 작은 것부터 건드린다. 사소한 문제부터 양보하게 만든다. 그리고 그 작은 죄에 익숙하게 만들어 버린다. 익숙해지면 죄처럼 보이지 않는다. 담배가 몸에 해롭다는 것은 누구나 안다. 담배가 생명을 단축시킨다는 것을 부인하는 사람은 없다. 그러나 줄어드는 생명이 보이지 않으니, 점점 거기에 익숙해지고 무뎌진다.

내가 군 생활을 할 때도 부대에서 구타와 가혹행위들이 남아 있었다. 당시 친구 말로는 내가 얼굴에 멍이 들어서 휴가를 나온 적도 있다고 한다. 군에 들어가면서부터 '나는 사람을 때려야지'라고 다짐하고 결단하고 군에 들어가는 사람은 없다. 이등병 때는 '왜 사람을 때릴까?' 이런 생각을 한다. 그러면서 '나는 고참이 되면 그러지 말아야지'라고 다짐한다.

그런데 점점 군대 문화가 익숙해진다. 그러다 보면 폭력인 줄 알았던 구타를 교육의 방법이라 생각하게 되고, 가혹행위를 인내력 훈련 혹은 담력 훈련이라 오해하게 된다. 죄와 악에 익숙해지면서 이것은 죄가 아니라 문화라고 생각한다. 악이 아니라 사는 방법 중 하나라고 생각한다. 죄는 익숙함이라는 옷을 입고 우리 속에 들어온다.

민수기에 보면 브올의 아들 발람이 등장한다. 발람은 하나님의 선지자가 아니라, 이방 신을 섬기던 사람이다. 그래서 모압 왕이 이스라엘과 싸우기 전에 이스라엘을 저주해 달라고 발람을 부른다. 그때 하나님이 발람에게 나타나서 '이스라엘을 저주하지 마라. 오히려 축복해 주어라' 그렇게 이야기한다. 그래서 발람은 세 번이나 이스라엘을 축복한다. 이스라엘을 저주하려던 이방 선지자를 통해서도 하나님은 이스라엘을 축복하셨다. 이스라엘은 아무것도 한 것이 없다. 하나님이 다 막아주셨다.

우리 삶에서도 이런 경우가 있다. 내가 특별히 거룩해지려고 노력하지 않았는데, 하나님이 막아주시고 인도하실 때가 있다. 그러면 하나님께 감사하면서 더 죄와 멀어지도록 해야 한다. 그런데 '어? 괜찮네. 막아 주시네'라고 죄를 내 삶으로 끌어들이는 것은 어리석은 행동이다.

발람의 이야기는 축복에서 끝나야 한다. 그런데 이스라엘 백성들이 발람을 받아들인다.

'우리를 축복해 준 사람이니 함께하자, 나에게 이익이 되니까 함께하자. 나에게 기쁨이 되니까 함께하자.'

### 죄가 익숙하면 하나님이 불편하다

하나님을 떠나려고 죄를 붙드는 사람은 없다. 단지 조금 더 이익을 얻으려고, 조금 더 즐거움과 편안함을 얻으려고, 그렇게 딱 한 사람 발람을 받아들인다. 교회를 떠나는 사람들 중에는 한 번에 결단하고 떠나는 사람들보다 서서히 떠나는 사람들이 더 많다. 어쩌다 한 번 결석하고, 그 한 번이 두 번이 되고, 그러다가 격주로 참석하고, 거기서 더 멀어지고, 그렇게 차츰 멀어지게 된다. 어느새 발걸음을 돌려버린다. 처음에는 딱 한 가지 죄와 타협한다. 그렇게 죄에 익숙해져 간다.

<쇼생크 탈출>(The Shawshank Redemption, 1994)이라는 영화가 있다. 주인공 앤디가 아내를 살해했다는 누명을 쓰고 쇼생크라는 감옥에 들어가서 생활하는 내용이다. 앤디가 감옥 생활에 점차 적응해 나갈 때쯤에, 50년 동안 쇼생크 감옥에서 생활한 브룩스라는 나이 든 죄수가 가석방 판결을 받게 된다. 50년이나 머물렀던 감옥을 벗어나 드디어 사회로 갈 수 있게 되었다.

브룩스가 스무 살에 감옥에 들어 왔으면 70이 될 나이이다. 이제 브룩스에게는 감옥을 떠나 밖으로 간다는 것이 더 두렵고 힘든 상황이다. 브룩스는 가석방이 싫다고 말하며, 감옥에서 다시 사람을 해치려고 한다. 다른 사람들은 가석방을 싫어하는 브룩스를 이해하지 못한다. 그때 모건 프리먼이 연기한 레드라는 죄수가 이렇게 말한다.

"브룩스는 이상한 게 아니야. 교도소에 길들여졌을 뿐이야. 이 감옥 담장은 말이야. 처음에는 싫다가 차츰 익숙해지지."

결국 가석방으로 50년 만에 밖으로 나간 브룩스는 자유에 적응하지 못하고 스스로 목숨을 끊어버린다. 감옥에 익숙해진 브룩스에게는 자유가 감옥이었다.

처음 신앙생활을 하면 신앙이 불편하다. 신앙생활이 감옥처럼 느껴진다. 죄에 익숙해져 있기 때문이다. 주일에 늦잠과 등산이 익숙하면 예배가 불편하고, 금요일에 TV 앞에서의 쉼과 주말 약속이 익숙하면 예배가 불편해진다. 거짓이 익숙하면 거룩이 불편하다. 미움이 익숙하면 용서와 사랑이 불편하다. 죄가 익숙하면 말씀이 감옥이 된다.

## 거룩을 위한 버킷리스트

주인공 앤디는 끝까지 감옥에 익숙해지지 않은 사람으로 등장한다. 그는 감옥 안에서도 바깥 세상에 대한 꿈을 포기하지 않았다. 결국 그 감옥을 탈출하게 된다. 꿈을 가진 사람만이 익숙함을 거절할 수 있다. 하나님이 주신 꿈을 가지면 익숙한 죄를 거절할 수 있다.

간음하다 현장에서 붙잡힌 여자가 예수님 앞으로 끌려왔다. 간음하다 현장에서 잡혔다는 말은 한두 번 있었던 일이 아니라는 의미다. 현장에서 걸릴 만큼 죄가 삶에 깊이 들어와 있었다. 모든 사람들이 양손에 돌멩이 하나씩을 쥐고 다가온다. 그 여자를 가운데 두고 빙 둘러서 노려보고 있다.

'이제 내 삶은 끝났구나. 이럴 줄 알았으면 진작 깨끗하게 살걸. 나는 역시 죄를 끊지 못하고 결국 이렇게 죽는구나.'

그때 예수님은 사람들에게 말씀하신다.

"너희 중에 죄 없는 자가 먼저 돌로 치라."

그 말에 죄책감을 느낀 사람들은 한두 명씩 자리를 떠나고 결국 예수님과 그 여자 둘만 남는다. 이제 예수님은 여자를 보시며 말씀하신다.

"너를 고발하던 사람, 죽이려던 사람이 다 어디 있느냐?"

여자는 여전히 두려움이 가득한 눈으로 고개를 숙이며 대답한다.

"없습니다."

"나도 너의 죄를 묻지 않겠다. 다시는 이런 죄를 범하지 마라."

예수님은 용서만 하신 것이 아니다. 기회를 주셨다. 이제 그녀는 선택 앞에 섰다. 다시 죄의 익숙함으로 돌아갈 것인지, 아니면 예수님이 주신 삶의 기회를 붙잡고 새로운 삶을 꿈꾸든지. 예수님은 새로운 꿈을 꿀 수 있는 기회를 주셨다.

우리 속에는 여전히 나를 넘어뜨리는 익숙한 죄가 있다. 내 속에 있는 죄가 있다. 이제는 그 죄에 두 줄을 그어버리고 그 위에 새로운 꿈을 기록하기를 바란다.

성도는 해외여행 가는 버킷리스트 말고, 거룩의 여행을 떠나는 버킷리스트를 만들어야 한다.

자녀를 내 욕심으로 양육하려고 했던 모습에 두 줄을 그어버리고, '하나님의 말씀으로, 기도로 양육하겠습니다'라는 새로운 꿈을 기록한다.

'나도 모르게 쉽게 분노하는 모습이었습니다. 내 고집으로 가득차 있었습니다'라는 삶에 두 줄을 그어버리고, '안아 주는 사람이 될 것입니다. 용납하는 사람이 될 것입니다'라는 새로운 꿈을 기록한다.

교묘하게 들어와 있는 모든 죄를 거절하는 꿈, 하나님과 동행하는 꿈. 지금 이 순간이 익숙함을 거절할 기회이다. 새로운 꿈을 꿀 기회이다.

대안을 거절하라

또 다른 거절은 우상이다. 성도는 우상을 거절한 사람이다. 바벨론은 우상을 만들어 놓고 '그 우상이 우리를 인도할 것이다'라고 말한다. '우리가 가야 할 길을 알려줄 것이다'라고 말한다. 나무를 의지하고 금과 은으로 만든 신상 앞에 가서 질문한다. 하나님 대신에 우상이 나의 길을 알려준다고 생각한다. 하나님으로 살지 않고 다른 것으로 산다. 우상을 섬기는 삶이란 하나님이 아닌 다른 대안을 찾는 삶이다.

『시골 의사 박경철』이라는 책으로 유명한 박경철 의사의 이야기다. 일곱 살 된 어린아이가 교통사고를 당해 응급실로 들어왔다. 교통사고 때문에 피를 많이 흘려서 저혈량성 쇼크가 온 상태다. 피가 없어서 위험한 상황이다.

수혈과 함께 수술을 해야 하는데 한 가지 문제가 생겼다. 아이의 위급한 상황을 보면서 안절부절못하며 눈물 흘리던 부모가 완강하게 수혈을 거부한 것이다. 그 부모는 '여호와의 증인'이었다. 그들은 피를 멀리하라는 성경말씀을 이상하게 해석해서 수혈을 거부한다. 아이의 상황은 1분이 급한데 수혈의 필요성을 아무리 설명해도 그들은 납득시킬 수 없었다. 부모는 이렇게 말했다.

"'펜타스판'을 사용해 주세요."

여호와의 증인들은 그렇게 교육을 받는다. '펜타스판'은 몸에 수분이 부족할 때 혈관에 투여하여 혈압을 유지시키는 역할을 하는 링거액이다. 실제로 수혈 대신 많이 사용하기는 한다. 하지만 어디까지나 보조적인 역할이지, 이렇게 피를 많이 흘린 환자에게는 무조건 수혈을 해야 한다. 하지만 부모는 막무가내였다. 수술실로 올라가는 중에도 아이의 부모는 절대로 수혈을 해서는 안 된다며 몇 번씩이나 신신당부를 했다.

박경철 의사는 어쩔 수 없이 "알겠다"고 말하고 수술실로 들어갔다. 물론 수술실에는 이미 수혈을 위한 피가 대량으로 세팅되어 있었고, 다른 간호사, 의사들과 입을 맞추고 수혈을 하며 수술을 했다. 이후에 아이를 중환자실로 옮기기 전에 혈액 대신 '펜타스판'으로 교체하고, 전혀 수혈하지 않은 것처럼 행동했다. 다행히 수술은 성공적으로 끝났지만, 수술 이후에도 출혈이 있을 수 있기 때문에 2리터 이상의 수혈이 더 필요했다.

그때부터 007 작전이 시작되었다. 부모 몰래 피를 주사기에 담아서 링거액이 들어가는 곳에다 몰래 주사하기 시작했다. 한번은 의사가 들어가서, 또 한번은 간호사가 들어가서. 그렇게 작은 주사기 하나로 부모 몰래 2리터의 피를 다 수혈하고 나서야 아이가 정상으로 회복되었다.

펜타스판이 좋은 의약품인 것은 맞다. 그러나 혈액의 대안이 될 수는 없다. 하나님이 만드신 혈액도 다른 것과 바꿀 수 없는데, 하나님을 대신할 수 있는 다른 것은 없다.

## 하나님만 대안이다

바벨론의 포로로 잡혀간 다니엘의 세 친구는 불에 타서 죽는 것을 알면서도 우상에 절하지 않았다. 그때 왕 앞에 잡혀온 그들을 보고 왕이 마지막으로 기회를 준다.

"내가 만든 신상에게 지금이라도 엎드려 절을 한다면 용서해 주겠다."

그때 사드락과 메삭과 아벳느고가 왕에게 이렇게 대답한다.

> 왕이여 우리가 섬기는 하나님이 우리를 불에서 건져 내실 것입니다. 그러나 그렇게 하지 아니하실지라도 우리는 다른 신상에 절하지 않을 것입니다(단 3:17 참조).

이 세 명은 하나님이 살려주시는 것 말고 다른 대안을 바라지 않는다. '하나님이 살려 주시지 않으면 그냥 죽으리라'고 생각하며 하나님만 바라보고 있던 그들에게 금 신상에 절하고 살아난다는 것은 대안이 아니다. 오직 하나님만이 대안이다.

거룩은 미련하다

사자성어 중에 교토삼굴(狡兔三窟)이라는 말이 있다. 지혜로운 토끼가 자신의 안전을 위해 굴을 세 개 파듯이 그렇게 준비를 해야 한다는 말이다.

토끼의 입장에서는 여러 대안을 가진 삶이 지혜로운 삶이다. 그러나 성도에게는 하나님 한 분만 보면서 가는 길이 지혜이다. 혹시 하나님 말고 다른 대안을 만들어 두는 것이 지혜라면, 차라리 미련하자. 하나님만 바라보는 미련이 거룩이다. 하나님 때문에 미련하게 사는 것이 성도의 지혜이고 실력이다.

우리의 삶에서 돈이 편리한 도구이기는 하다. 그러나 돈이 하나님의 대안이 될 수 없다. 친구관계, 인간관계, 학벌과 직장 이 모든 것이 좋은 환경이 될 수는 있다. 그러나 그 모든 것이 하나님의 대안이 되는 순간 우상이 된다. 우리 삶을 지키고 인도해 주실 분은 하나님이시다. 믿음은 중심에 하나님 외에 그 어떤 것도 대안이 되는 것을 거절하는 것이다. 성도에게 하나님 말고 다른 대안은 없다.

하나님만 대안이 되는 삶은 답이 하나 뿐인 삶이다. 인생이 답답한 이유는 '내 답'과 '하나님 답,' 답이 두 개라서 '답답'하다. '내 답'을 내려놓으면 '답답'한 삶이 '답'이 있는 삶이 된다. 복잡한 문제를 복잡하게 푸는 것이 아니라 하나님이라는 답 하나로 푸는 인생이다.

주일에 우리의 답은 '예배' 하나다.

자녀들에게 어떤 삶을 살라고 말해야 하는가?

우리의 답은 하나이다.

'하나님이 기뻐하시는 삶, 말씀에 순종하는 삶.'

그것이 정답이다. 성도의 답은 하나다. 복잡한 인생 말고 답이 하나인 인생, 우리 인생을 간추렸을 때 하나님만 남는 인생이 되어야 한다.

어떤 시인은 이렇게 노래한다.

> 우리에게 입을 하나만 주신 하나님
> 한 입으로 두말하지 말라고
> 입을 하나밖에 주지 않으신 하나님
> 당신이 주신 입으로 바른 말만 하게 도와주십시오

'다른 말 하지 않겠습니다. 다른 곳 보지 않겠습니다' 라는 고백이다. 바벨론의 금 신상, 은 신상, 나무 조각은 눈에 보인다. 그럴듯해 보인다. 반면 하나님은 눈에 보이지도 않는다. 음성이 들리지도 않는다. 기도 응답은 왜 이렇게 느린지 답답하기만 하다. 그러나 눈에 보이는 것들이 하나님의 대안이 될 수 없다. 성도에게는 하나님만이 대안이다.

거절이 실력이다

어릴 때 우산을 많이 잃어버렸다. 비가 올 때는 들고 나갔다가 어느새 비가 그치면 나도 모르게 그냥 두고 온다. 우리 삶에 하나님이 우산 같을 때가 있다. 비올 때 쓰고 나온 우산을 날이 갰다고 어딘가에 버려둔 것처럼, 세상살이가 힘들 때는 하나님을 붙들고 있다가 그 사이 좀 살 만하다고 하나님은 한 곳에 버려두고 다른 것을 붙들고 사는 삶일 때가 있다. 힘들 때는 하나님을 붙들다가 좀 나아지니 다른 대안을 붙들고 있을 때가 있다. 믿음은 대안을 거절하는 것이다.

내 속에 익숙한 죄를 버리고 거룩의 꿈을 꾸는 것도, 다른 대안 버리고 하나님 답만 붙드는 것도 결코 쉬운 일은 아니다. 그러나 한 번의 관심은 호감일지 몰라도 계속되면 진심이다. 한 번의 도전은 치기일지 몰라도 계속되면 용기이다. 한 번의 성공은 운일지 몰라도 계속되면 실력이다. 한 번의 발걸음은 발자국만 남기지만 계속 걸어가면 그곳은 길이 된다.

이제 우리 삶에 죄를 거절하는 길을 만들 것이다. 더 이상 익숙한 길로 돌아가지 않고, 신실하고 진실하게 하나님을 향해 걸어갈 것이다. 죄를 거절하는 것이 한 번의 운이 아니라 실력임을 삶으로 증명할 것이다.

## 하박국 3장 1-15절

시기오놋에 맞춘 선지자 하박국의 기도라 여호와여 내가 주께 대한 소문을 듣고 놀랐나이다 여호와여 주는 주의 일을 이 수년 내에 부흥하게 하옵소서 이 수년 내에 나타내시옵소서 진노 중에라도 긍휼을 잊지 마옵소서 하나님이 데만에서부터 오시며 거룩한 자가 바란 산에서부터 오시는도다 (셀라) 그의 영광이 하늘을 덮었고 그의 찬송이 세계에 가득하도다 그의 광명이 햇빛 같고 광선이 그의 손에서 나오니 그의 권능이 그 속에 감추어졌도다 역병이 그 앞에서 행하며 불덩이가 그의 발 밑에서 나오는도다 그가 서신즉 땅이 진동하며 그가 보신즉 여러 나라가 전율하며 영원한 산이 무너지며 무궁한 작은 산이 엎드러지나니 그의 행하심이 예로부터 그러하시도다 내가 본즉 구산의 장막이 환난을 당하고 미디안 땅의 휘장이 흔들리는도다 여호와여 주께서 말을 타시며 구원의 병거를 모시오니 강들을 분히 여기심이니이까 강들을 노여워하심이니이까 바다를 향하여 성내심이니이까 주께서 활을 꺼내시고 화살을 바로 쏘셨나이다 (셀라) 주께서 강들로 땅을 쪼개셨나이다 산들이 주를 보고 흔들리며 창수가 넘치고 바다가 소리를 지르며 손을 높이 들었나이다 날아가는 주의 화살의 빛과 번쩍이는 주의 창의 광채로 말미암아 해와 달이 그 처소에 멈추었나이다 주께서 노를 발하사 땅을 두르셨으며 분을 내사 여러 나라를 밟으셨나이다 주께서 주의 백성을 구원하시려고, 기름 부음 받은 자를 구원하시려고 나오사 악인의 집의 머리를 치시며 그 기초를 바다까지 드러내셨나이다 (셀라) 그들이 회오리바람처럼 이르러 나를 흩으려 하며 가만히 가난한 자 삼키기를 즐거워하나 오직 주께서 그들의 전사의 머리를 그들의 창으로 찌르셨나이다 주께서 말을 타시고 바다 곧 큰 물의 파도를 밟으셨나이다

# 11

## 일승하는 삶에서 연승하는 삶으로

### 성공 법칙

톨스토이의 소설 『안나 카레니나』는 첫 문장을 이렇게 시작한다.

> 행복한 가정은 모두 같은 이유로 행복하지만, 불행한 가정은 각기 다른 이유로 불행하다.

이 말 뜻을 쉽게 이해할 수 있게 만드는 TV 프로가 <백종원의 골목식당>이다. 잘되는 식당은 모두 같은 이유로 잘된다. 재료가 신선하고, 요리에 최선을 다하고, 늘 손님 입장에서 생각하는 식당이다. 3천 원짜리 떡볶이집도, 3만 원짜리 한식집도,

잘되는 이유는 모두 같다. 반면 안되는 식당을 보면 각기 다른 이유로 안된다.

"저는 요리가 서툴러요,"

"사람 대하는 것이 어려워요,"

"원래 하고 싶었던 장사가 아니라서요."

저마다 사연도 다르고 이유도 많다. 결국 간판을 내린다.

행복한 가정을 보면 서로를 배려하고, 사랑을 표현하고, 가족 간에 따뜻한 대화가 있다. 모두 비슷한 모습을 하고 있다. 그런데 불행한 가정을 보면 여러 가지 이유가 많다.

가정만 그런 것이 아니다. 삶도 그렇다. 성공하는 사람은 모두 같은 이유로 성공하지만 실패하는 사람은 각기 다른 이유로 실패한다.

장준위 경위는 서울역 노숙인들에게 '큰형님'이라고 불리는 경찰이다. 오랜 기간 노숙인들을 돕고 섬긴 그는 노숙인들의 삶을 이렇게 이야기했다.

> 서울역 노숙인들 중에는 IMF로 사업에 실패하거나 구조조정을 당한 사람도 있고, 처음부터 가족관계에 문제가 있거나 정신질환을 앓는 사람도 있습니다. 또 세상을 살아가는 방법을 잘 모르는 사람들도 있습니다. 각자 가슴 아픈 사연을 가진 사람들입니다.

100명의 노숙인을 만나면 100가지 사연을 들을 수 있다. 반면 성공한 사람들은 분명한 공통점이 있다. 오죽하면 『성공한 사람들의 7가지 습관』이라는 책이 전 세계 베스트셀러가 될 정도다.

1908년, 삼류잡지 기자인 나폴레온 힐은 카네기의 성공비결을 인터뷰하던 중 카네기에게 특별한 제안을 받는다.

> 자네, 성공한 사람들의 성공비결을 취재해서 책으로 만들어 볼 생각 없나? 500명에 이르는 성공한 사람들을 만날 수 있도록 소개장을 써주겠네. 다만 나는 소개장만 써줄 뿐 경제적인 보조는 하지 않을 거야? 어떤가? 이 자리에서 결정하게나.

힐은 카네기의 제안을 받아들였다. 이후 카네기의 소개장을 손에 든 힐은 성공한 사람 507명을 찾아가 취재하기 시작했다. 그렇게 취재한 내용으로 『성공의 법칙』(The Law of Success)라는 책을 출간했다. 성공한 사람들의 공통점을 발견한 것이다. 말 그대로 '될성부른 나무'가 되기 위해 어떤 '떡잎'을 준비할지 방법을 찾았다.

카네기가 나폴레온 힐에게 이 작업을 제안한 이유가 무엇일까? 그는 이미 사회적으로 성공한 위치에 있었다. 그리고 자신과 비슷한 위치에 있는 사람들을 보면서 자신과 비슷한 무엇인가가 있다는 것을 느꼈을 것이다. 그것을 많은 사람들과 공유하고 싶었는지도 모른다. 자신의 삶과 주변 사람들의 삶을 통해 성공의 법칙을 느낀 것이다.

### 하나를 통해 전체를 보라

지혜로운 사람은 하나를 보면 열을 안다. 부분을 보고도 전체의 법칙을 볼 수 있다. 모든 것을 다 경험하고 알려는 것은 어리석은 것이다. 어리석은 사람은 전부를 보여주어도 잘 깨닫지 못한다. 열을 배워도 하나도 채 알지 못한다. 하나를 보고도 전체를 아는 것이 실력이다.

오늘 하박국의 찬양은 하나를 보고 전체를 고백한 찬양이다. 찬양의 스케일이 엄청 크다.

> 그가 서신즉 땅이 진동하며 그가 보신즉 여러 나라가 전율하며 영원한 산이 무너지며 무궁한 작은 산이 엎드러지나니 그의 행하심이 예로부터 그러하시도다 내가 본즉 구산의 장막이 환난을 당하고 미디안 땅의 휘장이 흔들리는도다(합 3:6-7).

하박국은 바벨론에 대한 승리를 듣고, 산도 무너뜨리고 땅도

떨게 하는 하나님의 승리를 찬양한다. 하나님은 땅에 대한 승리, 바다에 대한 승리를 말씀하신 적이 없다. 그런데 하박국은 그 승리를 찬양한다. 한 가지 승리를 통해 더 큰 승리를 기대한다. 한 가지 사건을 통해 전체를 신뢰한다.

기도응답도 똑같다. 신앙생활을 시작하면 누구나 경험하는 것이 기도 응답이다. 큰 것이든 작은 것이든 한 번쯤은 기도 응답을 경험한다. 어떤 사람에게는 병이 기적적으로 치료되기도 한다. 어떤 사람들에게는 풀리지 않을 것 같은 사업이 기도로 풀리기도 한다.

그런 큰 일만 있는 것이 아니다. 작은 응답도 있다. 늦어버린 출근길에 지나가는 말로, '하나님 도와주세요'라고 기도했는데 버스가 생각보다 일찍 오고, 그날은 차도 막히지 않아 지각을 면한다. 크고 작은 응답을 한번은 경험한다.

하나님이 우리 삶에 응답해 주시는 이유가 있다. 단지 그것 하나 응답하시려는 것이 목적이 아니다. 하나를 보면 열을 깨닫기 원하신다. '출근길 버스도 하나님이 개입하면 일찍 온다'는 것을 통해 '교통체증도 한 번에 해결하시는 하나님이 인생 체증도 한 번에 해결하실 수 있다'는 것을 보여주시려는 것이다. 한 가지 응답을 통해 하나님을 붙들게 하려는 것이다.

### 작은 것 보고 전체를 안다

조카들이 어릴 때 '엄마는 나는 안 사랑하고' 이렇게 투정부리는 모습을 보았다. 무슨 일인지 들어보니, 장난감을 안 사준다는 불만이었다. 이런 말을 들으면 황당하다. 그동안 먹여주고 재워주고, 자기들을 위해 수고하고 애쓴 것이 다 사라진다. 단지 장난감 안 사준 것이 사랑의 문제로까지 커진다.

왜 그렇게 말하는가?

어려서 그렇다. 철이 없으면 부모님의 큰 사랑이 장난감 하나로 다 사라진다. 아무리 많은 것을 해주어도 부모님의 사랑을 알지 못한다.

그런데 철이 들면 달라진다. 부모님의 지나가는 한마디에도 사랑을 느낀다. "그냥 전화했다"는 말 속에 묻어 있는 사랑을 느낄 수 있다.

나는 미역국을 좋아한다. 사연이 있기 때문이다. 군대를 가기 위해 해병대를 지원했다. 그러자 주위 사람들이 말리기 시작했다.

"네가 해병대를 가면 네가 고생하는 것이 아니라 해병대가 고생한다. 다시 생각해 봐라."

그런데 어머니의 반응은 달랐다.

"남자가 고생하기로 결정했으면 잘한 결정이다. 열심히 해라."

'역시 어머니의 반응답다'라는 생각을 하면서도 내심 섭섭한 마음이 있었다. 그렇게 해병대에 입대하는 날 아침이 되었다. 어머니는 입대하는 아들 밥상에 미역국을 끓여주셨다.

당시 자원입대로 해병대에 가면, 훈련소에 들어가서 신체검사나 여러 가지 이유로 다시 집으로 돌아오는 경우가 있었다. 소위 말해 3일 인턴 생활하고 떨어져 돌아오는 것이다. 그때까지만 해도 교회를 안 다니시던 어머니는 우리가 시험기간이 되면 꼭 찰밥을 해주셨다. 중요한 결정이나 시험이 있는 날에는 언제나 찰밥을 주시고 절대 미역국을 끓이지 않는 분이셨다. 잘 붙고, 미끄러지지 말라는 응원이다. 그런데 입대하는 날 아침상에 조용히 미역국을 올려주셨다.

어머니는 아들에게는 약한 모습 보이시지 않으려고 당당하게 "다녀오라"라고 말씀하셨다. 하지만 속마음은 고생하는 길로 가는 아들이 안쓰러우셨던 것이다. 그래서 모른 척 미역국을 끓여주신 것이다.

미역국 하나를 보았는데 어머니 마음이 보였다. 사랑이 보였다. 철이 들면 국그릇 안에서도 바다보다 넓은 사랑을 본다. 신앙도 철이 없으면 인도하시는 하나님이 잘 보이지 않는다.

얼마 전 한 청년과 상담한 적이 있다. 요즘 청년들의 고민은 취업 아니면 결혼이다. 대화 끝에 이런 고민을 이야기했다.

"좋은 사람 만날 수 있을지 걱정입니다."

그때 내가 말했다.

"반드시 좋은 사람 만난다. 아니면 어떤 사람을 만나도 그 사람이 좋은 사람이 될 것이다. 걱정하지 마라."

"목사님이 어떻게 아세요?"

"지금까지 하나님이 너를 인도해 주셨다. 네가 1년 전에 나에게 상담하던 기도 제목이 지금 다 응답되었지 않나?

그 하나님은 네 결혼도, 네 인생도 책임져 주신다."

하나를 보고 열을 믿는 것이 믿음이다. 요단 강물을 멈추게 하신 하나님을 보고 여리고를 무너뜨리실 하나님을 기대하는 것이다. 신앙이 성장하면 작은 응답을 보고도 인생을 맡긴다.

### 예고편만 보고 믿으라

큰 문제를 앞두고 하나님이 사소한 것에 응답해 주실 때가 있다. 이때 해결되지 않은 큰 문제만 붙들고 작은 응답에 감사하지 못하면 철없는 신앙이다. 하나님이 보여주신 사소한 응답은 사소하지 않다. 큰 문제도 해결해 주신다는 예고편이기 때문이다.

성숙한 신앙은 예고편만 보고도 본편을 기대한다. 하박국에게 바벨론을 향한 승리는 영원한 승리를 약속하신 예고편이다. 신앙은 한 번만 싸워보면 안다. 한 번만 승리하면 된다. 그 후로는 승리의 하나님 붙들 수 있기 때문이다.

기도하는 모세와 원망하는 이스라엘의 차이는 여기서 갈렸다. 모세에게 출애굽의 열 가지 기적은 예고편이고, 홍해 사건도 예고편이다. 하나님이 앞으로 계속 승리를 주시겠다는 광야 생활 승리의 예고편이다. 이스라엘 백성은 달랐다. 출애굽은 출애굽이고, 홍해는 홍해였다. 광야는 또 다른 일로 보인다. 모두 별개의 사건으로 보니, 매순간이 힘들고 매순간이 어렵다. 문제만 보여서 원망부터 나온다.

요즘 학생들이 쓰는 '케바케'라는 말이 있다. 'case-by-case'(개별적인, 한 건 한 건 별개의)를 줄여서 하는 말이다. 상황에 따라 다르다는 말이다.

"너 커피 좋아하니?"

"케바케야"(상황에 따라 좋을 때도 있고 싫을 때도 있어).

이스라엘 백성은 광야를 지나면서 하나님을 '케바케'로 보았다. 홍해는 갈라주셨지만, 물이 없는 상황에서는 하나님을 믿지 못했다. 물은 주셨지만, 먹을 것이 없으니 하나님을 원망한다.

모세는 달랐다. '하나님이 홍해를 갈라 주셨으니, 먹을 것도 주실 것이다. 마실 것도 주실 것이다'라고 생각했다. 상황에 따라 흔들리지 않았다. 하나님은 어떤 상황에도 변함없는 분이라는 것을 알았다.

## 연승 신앙

'케바케 신앙'은 문제가 올 때마다 심장이 내려앉는다. 문제가 생길 때마다 넘어진다. 성숙은 '케바케 신앙'을 넘어선다. 하나의 사건으로 전체를 보는 눈이 생긴다. 작은 기도응답을 하나님의 약속으로 보는 눈이 생긴다. '이 문제를 응답해 주신 것처럼 인생 문제도 응답해 주실 것이다'라는 확신을 가지게 된다.

처음 응답이 다음 응답에 대한 약속이 된다. 그러니 많은 문제가 찾아와도 좌절하지 않는다. 응답된 문제보다 응답되지 않은 문제가 더 많아도, 하나님의 약속을 기대한다. 단 한 번의 승리라도 그냥 놓치지 않는다. 그 승리를 붙들고 삶의 어려움을 다 이겨낸다. 한 번만 승리하라. 그리고 그 승리를 끝까지 붙들고 가면 하나님이 연승을 만들어 주신다.

다윗의 신앙은 연승 신앙이었다. 양을 돌보면서 곰과 사자를 만났다. 겁이 났고 도망치고 싶었다. 어차피 도망쳐도 소용없다. 그냥 싸우자.

'하나님, 도와주세요. 살려주세요. 이길 수 있게 도와주세요.'

기도하는 마음으로 정신없이 물맷돌을 던졌다. 어느 순간 정신을 차려보니, 곰이 돌에 맞아 죽었다. 곰을 이겼다.

한 달 후에 또 곰이 왔다. 이전만큼 무섭지 않다. 하나님께 기도하고 달리면서 물맷돌을 던졌다. 한방으로 이겼다. 그렇게 곰과 사자로부터 지켜주시는 하나님을 경험했다. 다윗이 경험한 1승이다.

그랬더니 이제는 골리앗도 무섭지 않다. 곰과 사자로 지켜 주신 하나님이 골리앗의 손에서도 지켜 주실 것이기 때문이다. 그래서 골리앗에게 덤볐다. 그리고 이겼다. 2승이다. 그리고 블레셋과 싸울 때마다 이긴다. 3승, 4승, 연승에 연승을 거둔다. 다윗이 죽인 사람은 '만만'이 된다. 승승장구의 삶이다.

## 승리 공식

다윗의 삶이 연승의 삶이 된 이유가 있다. 승리 공식을 파악했기 때문이다. 곰을 이기는 공식은 힘이 아니었다. 하나님의 보호하심이었다.

"골리앗은 어릴 때부터 잘 훈련된 장수인데, 네가 이길 수 있겠는가?

너는 아직 어리고 힘도 없어 보이는데 괜찮겠는가?"

승리의 공식을 모르는 사울 왕은 다윗이 힘으로 싸운다고 생각했다. 그때 다윗은 자기가 알고 있는 승리 공식을 말해준다.

"여호와께서 나를 사자의 발톱과 곰의 발톱에서 건져주셨습니다. 그러니 저 골리앗의 손에서도 건져주실 것입니다."

하나님이 건져주시는 것이 다윗이 승리 공식이다. 이 승리의 공식을 가지고 있던 다윗은 아무리 큰 적도 무섭지 않았다. 승리할 자신이 있었다.

여호수아는 승리 공식을 가지고 가나안 땅을 점령했다. 하나님께 순종하는 것이 여호수아의 승리 공식이었다. 큰 성 여리고 앞에서도, 아간의 범죄 때문에 패배했던 아이 성 앞에서도, 가나안 민족의 연합 공격 앞에서도 각자 다른 상황이지만, 순종이라는 공식 하나로 모두 이겼다.

어릴 적 승리 공식이 부러웠던 때가 있다. 초등학교 수업을 마치면 집보다 먼저 컴퓨터 오락실로 갔다. 하루 용돈 100원으로 두 게임을 하는데, 20분도 지나지 않아 집으로 돌아와야 했다. 그런데 오락실마다 고수들이 한 명씩 있다. 50원을 넣고 적을 다 물리친다. 1시간이 지나도 게임이 끝나지 않는다. 절대 죽지 않고 다 이긴다.

어떻게 적을 물리치는지 공식을 아는 형들이었다. 적이 총을 쏘기 전에 움직인다. 어디가 안전한지 공식을 알고 있어서 미리 피한다. 어떨 때는 적이 나타나기 전에 총을 쏜다. 그러면 총알이 도착할 때쯤 적이 나타나서 딱 맞는다. 저항 한 번 못하고 적이 사라진다.

승리 공식을 모르는 나는 돈만 많이 쓰고 재미도 없다. 열심히 땀을 흘려도 결국 20분을 넘기지 못했다. 고생만 하고 늘 아쉬움이 남았다. 승리 공식을 아는 형들은 여유가 있다. 한 손으로 게임하며 옆에 다른 형들과 이야기도 한다. 50원을 가지고 마음껏 놀 수 있다.

신앙생활도 승리 공식을 가지고 해야 한다. 그렇지 않으면 열심히 땀 흘리고 결국 사탄에게 넘어진다. 신앙생활도 여유가 없다. 어제는 자녀 문제가 기도제목이고, 오늘은 건강이 기도제목이고, 매일매일 찾아오는 문제와 씨름하느라 분주한 삶이 된다. 늘 바쁘고 지치는 삶이 된다.

승리 공식을 붙드는 성도는 신앙의 새로운 차원을 경험한다. 새로운 순종이 가능하다. 순종은 언제나 낯설다. 나의 한계를 넘어선 도전이기 때문이다. 내가 사랑할 수 있는 한계를 넘어서 사랑하는 것이 순종이다. 내가 헌신할 수 있는 수준을 넘어서 헌신하는 것이 순종이다. 성도는 낯선 순종을 두려워하지 않는다. 하나님이라는 승리 공식이 있기 때문이다.

늘 새로운 문제로 힘들어 하는가?

문제는 다양해도 해답은 한가지다. 해답은 하나님이다. 승리 공식을 붙들어라. 성도의 승리 공식은 하나님이다. 하나님이 나를 붙들고 계신다. 하나님이 승리를 주신다. 문제는 변해도 이 사실은 변하지 않는다. 그러니 어떤 곳에서 문제가 와도 하나님 앞에서 풀면 된다. 누구에게 공격당해도 하나님 아래로만 피하면 된다.

### 일승에서 연승으로

하나님은 하박국에게 바벨론에 대한 승리를 말씀하셨다. 그러나 하박국은 하나님의 말씀을 바벨론에 대한 승리로만 듣지 않았다. 모든 것에 대한 승리로 들었다. 그러니 이제 하박국은 두려울 것이 없다. 어떤 문제에도 넘어지지 않는다. 바벨론에 대한 승리는 하박국에게 승리 공식을 알려주었다. 하나님께로 가면 이긴다. 하나님만 붙들고 있으면 이긴다.

나도 목회를 하면서 승리 공식을 잊고 살 때가 있다. 크고 작은 문제를 해결하느라 그것 붙들고 씨름할 때가 있다. 그러나 새벽에 눈을 감으면 어김없이 깨닫게 되는 사실이 있다.

'문제가 문제가 아니다. 하나님을 붙들지 않는 내가 문제다. 목회는 다양한 문제와 씨름하는 것이 아니다. 내가 승리의 하나님을 얼마나 붙들고 있는지. 그것을 씨름하는 것이다.'

"넘어지는 사람은 각기 다른 이유로 넘어지지만, 일어서는 사람은 언제나 같은 이유로 일어선다."

철이 들면 국그릇 안에서도 바다보다 넓은 사랑을 본다.

"하나님이 보여주신 사소한 응답은 사소하지 않다.
큰 문제도 해결해 주신다는 예고편이기 때문이다."

## 하박국 3장 16-19절

내가 들었으므로 내 창자가 흔들렸고 그 목소리로 말미암아 내 입술이 떨렸도다 무리가 우리를 치러 올라오는 환난 날을 내가 기다리므로 썩이는 것이 내 뼈에 들어왔으며 내 몸은 내 처소에서 떨리는도다 비록 무화과나무가 무성하지 못하며 포도나무에 열매가 없으며 감람나무에 소출이 없으며 밭에 먹을 것이 없으며 우리에 양이 없으며 외양간에 소가 없을지라도 나는 여호와로 말미암아 즐거워하며 나의 구원의 하나님으로 말미암아 기뻐하리로다 주 여호와는 나의 힘이시라 나의 발을 사슴과 같게 하사 나를 나의 높은 곳으로 다니게 하시리로다 이 노래는 지휘하는 사람을 위하여 내 수금에 맞춘 것이니라

# 12
## 말씀이 넘쳐야 기쁨이 넘친다

### 억지 춘향은 있어도 억지 감사는 없다

'억지 춘향'이라는 말이 있다. 춘향전에 보면 변사또가 춘향이의 마음을 억지로 돌리려고 환심을 사기도 하고 괴롭히기도 하는데 그런 모습 때문에 만들어진 말이다. 억지로 일을 이루려는 모습을 빗댄 말이다.

그런데 경북 봉화에 '춘양역'이 있다. 거기 사람들은 이 말이 춘양역 때문에 생겨났다고 한다. 원래 거기에 춘양이라고 하는 소나무가 많이 나서, 그것 때문에 억지로 역을 만들었단다. 그래서 '억지 춘양'이라는 말이 생겼다고 주장한다.

설교자는 이러면 궁금하다. 그래서 찾아봤다. 춘양역이 생긴 것은 1941년인데, 억지 춘향이라는 말은 1938년 채만식의 소설

『태평천하』에서도 사용된 표현이다. 원래는 억지 춘향이 맞다. 말 그대로 억지 춘양이 억지로 우기는 상황이다. 억지 춘향이든 억지 춘양이든, 살면서 우기고 강요해서 이루어 내는 것도 있다.

그러나 감사는 억지 감사가 될 수 없다. 처음 취업했더니 직장 상사가 아무것도 아닌 일로 꼬투리 잡고 괴롭힌다.

"직장 생활 쉽게 하면 사람이 물러져서 안 돼. 내가 다 강해지라고 하는 거야. 고맙게 생각해."

이럴 때 드는 마음은 고마움이 아니다. 그냥 힘이 없어 참을 뿐이지, 감사하는 것이 아니다. 감사는 억지로 감사하라고 해서 할 수 있는 것이 아니다.

'나는 어렵고 힘들어서 참을 수 없는데, 일단 감사할거야. 그러면 더 큰 감사가 찾아 올 거야' 이건 비정상이다. 아픈데 안 아픈 척하는 건 정상이 아니다.

이런 모습을 가장 많이 볼 수 있는 곳이 '개그 콘서트'다. 개그맨들이 서로 때리면서 "아프냐?" 그러면 "안 아픕니다" 그러면서 더 강하게 때린다. 그런 우스꽝스러운 모습을 보면서 관객들은 웃는다.

### 신앙은 개그콘서트가 아니다

아픈데 안 아픈 척 억지로 참는 것은 '개그 소재'이지 '신앙이야기'가 아니다. 신앙은 아플 때 참는 것이 아니라 우는 것이다. 시편을 읽어 보면 우는 이야기가 많이 나온다.

'하나님 힘들어요. 아파요. 저 죽을 것만 같아요.'

전체 150편 중 65편이 탄식하는 시다. 탄식하는 시가 가장 많다. 하박국도 힘든 상황 때문에 처음에는 하나님 앞에서 울었다.

'여호와여, 내가 부르짖어도 듣지 않으십니다.'

'언제까지 침묵하실 건가요?'

'힘들어서 외치는데 왜 구원하지 않습니까?'

다 우는 소리다. 선지자인데 기도해도 응답이 안 된다.

'사람들이 나를 어떻게 볼까?'

'사람들이 이제는 내 말도 안 듣는 것 같고, 점점 힘들어진다.'

'도대체 앞날은 어떻게 될까?'

뭔가 좀 시원하게 해결되었으면 좋겠는데, 한숨 자고 나면 모든 문제가 해결되어 있었으면 좋겠는데, 내일도 달라질 것 같지 않다. 아무런 기대감이 없다.

이런 상황이면 감사가 나올 수 없다. 웃음이 아니라 울음이 터져 나온다. 신앙은 그럴 때 웃는 것이 아니라 우는 것이다. 억지로 웃지 않아도 된다. 울어도 된다.

"하나님! 저 너무 힘들어요! 하나님! 저 혼자인 것 같아요. 하나님! 이 짐이 너무 무거워요."

신앙은 힘들 때 하나님 앞에서 우는 것이다. 우리가 힘들고 어려울 때 기도하고 싶고, '새벽기도라도 금요기도회라도 나가 볼까?'라고 생각하는 이유는 하나님 앞에서는 눈물 흘릴 수 있기 때문이다. 그때 하나님 앞에서 울면 그 모습이 기도고, 그 울음이 고백이다.

억지로 버티지 않아도 된다. 신앙은 개그 콘서트가 아니다. 아프면 참지 마라. 우리는 하나님을 웃겨드리러 기도의 자리로 오는 것이 아니다. 찬양하다 눈물이 나오면 흘리고, 기도하다가 눈물이 나오면 울고, 예배는 손수건이다. 내 눈물 닦아주고, 내 마음 위로해주는 하나님의 손수건이다. 하나님은 억지 감사를 받으시는 분이 아니다.

차라리 펑펑 쏟는 눈물을 받으시는 분이다.

### 빈 냉장고를 보고 기뻐한 하박국

하박국 선지자도 처음에는 울었다. 그렇게 한참을 울고 나서 이렇게 고백한다.

> 비록 무화과나무가 무성하지 못하며 포도나무에 열매가 없으며 감람나무에 소출이 없으며 밭에 먹을 것이 없으며 우리에 양이 없으며 외양간에 소가 없을지라도 나는 여호와로 말미암아 즐거

워하며 나의 구원의 하나님으로 말미암아 기뻐하리로다
(합 3:17-18).

복음성가 때문에 더 유명해진 구절이다. 보통 신나게 율동하면서 박수치고 부른다. 그런데 내용을 묵상해 보면 율동하며 박수하며 부를 찬양이 아니라 통곡하며 가슴 치며 불러야 할 노래다.

무화과나무, 포도 열매, 올리브 굉장히 구체적인 항목들이다. 이 음식들의 공통점이 있다. 이스라엘 백성들 삶에 가장 밀접한 음식들이다. 당시 이스라엘에 냉장고가 있었다면 절반 이상은 이것들로 채워졌을 것들이다. 그런 음식이 다 떨어졌다.

냉장고를 열었는데 하얗게 빈 냉장고만 보인다. 밑반찬도 떨어졌고, 반찬으로 먹을 김치 한 조각도 없다. 먹다 남은 우유 한 팩도 없이, 하얗게 텅 빈 냉장고만 남았다. 아무것도 없다는 것을 알면서도 습관적으로 열어본 냉장고는 여전히 하얗다. 이런 상황은 뜀뛰며 율동할 상황이 아니라 주저앉아 낙담할 상황이다.

그런데도 하박국은 하나님을 찬양한다. 이런 상황에도 감사한다는 말이다. 이건 도저히 감사할 수 없는데, 이를 악물고 억지로 "감사합니다"라고 말하는 것이 아니다.

### 말씀이 넘치면 달라진다

이렇게 찬양하고 감사할 수 있는 이유는 말씀 때문이다. 하박국서는 하박국이 하나님께 질문하고 대답을 듣는 내용이다. 하나님에게 계속 질문하고 하나님은 끊임없이 대답해 주신다. 하나님 말씀을 듣고 또 들어서 말씀이 넘쳤다. 그 결과가 3장의 고백이다. 말씀이 차고 넘치니 찬양이 터져 나온다. 냉장고에 먹을 것은 비었지만 마음속에 말씀이 넘치면 상황에 넘어지지 않고 하나님을 기대하게 된다. 넘치면 달라지게 되어 있다.

캐나다는 아이스하키에 열광하는 나라다. 그런데 아이스하키 프로팀 주전들에게는 특이한 공통점이 발견된다. 1월에 태어난 사람들이 가장 많다는 것이다. 그 다음이 2월과 3월이다. 1월에서 3월생이 전체 주전 선수의 절반이 넘는다. 이것은 1980년대 심리학자 로저 반슬리가 우연히 발견한 사실이다. 그 이후 반슬리는 그 이유를 분석하기 시작했다. 답은 의외로 단순했다.

캐나다에서는 하키 선수 나이를 구분할 때 우리나라처럼 1월 1일을 기준으로 나이를 세고, 그 기준으로 선수를 뽑는다. 아이스하키 9세 경기를 하면 우리나라 기준으로 같은 해 1월 1일생부터 12월 31일생까지 경기에 나갈 수 있다.

1월생과 12월생 중에서 누가 더 잘할까? 어릴 때는 1월생이 조금 더 낫다. 나이가 어릴수록 1월생과 12월생의 차이는 더 크게 벌어진다. 캐나다는 아이스하키에 열광하는 나라다. 훨씬 더 어릴 때부터 아이스하키를 시작한다. 그러면 동일한 나이라고 하지만 1월생과 12월생의 성장은 다를 수밖에 없다.

그러니 늘 1, 2월생이 주목받는다. 그들이 주전으로 뛸 기회가 넘친다. 스카우트가 되어도 1월에서 3월생들이 대부분 스카우트 된다. 4-10월생들이 동네 아이스하키 문화센터에서 한 달에 한 번 경기를 할 때 1-3월생들은 전문 코치에게 훈련을 받으면서 매주 경기를 한다. 연습량이 비교가 안 된다. 아이스하키도 연습량이 넘치면 달라진다.

한해를 돌아보며 한 집사님이 예배 시간에 간증한 고백이다.

예배 시간에 목사님 말씀이 들리면서 삶이 달라지기 시작했습니다. 여전히 형편과 상황이 달라진 것은 아무것도 없습니다. 아직 기도제목도 많이 있습니다. 그러나 제가 달라지기 시작했습니다. 말씀이 들려지니 교회가 달라지기 시작했습니다. 말씀이 채워지니 아파하는 지체들도 보이고, 주위를 돌아볼 수 있는 믿음도 생겼습니다.

### 압도적인 은혜

말씀이 넘치면 삶이 달라진다. 항상 어설프면 넘어진다. 예수님이 말씀하신 포도원 품꾼 비유가 그것을 보여준다. 오후 다섯 시에 일하러 온 사람은 불평하지 않는다. 마칠 때가 되어서 부름받은 사람은 압도적인 은혜를 안다. 아무 말도 없이 감사하고 감격할 뿐이다.

정작 불평하는 이들은 오전에 왔던 이들, 정오에 왔던 이들이다. 그들도 은혜로 일하게 되었는데 불평하기 시작한다. 압도적인 은혜를 경험하지 못해서 그렇다. 고난 주간 때마다 십자가에 관련된 영상을 보면 신앙이 새로워진다. 십자가의 압도적인 은혜를 깨닫게 되기 때문이다. 예수님의 고난을 보면 십자가의 무게가 달라진다. 습관적으로 달고 다니던 십자가 목걸이에서는 경험할 수 없는 큰 은혜를 깨닫게 된다.

수련회 때 큰 은혜를 받는 것도 말씀이 단시간에 많이 채워지기 때문이다. 요즘은 부흥회를 저녁만 하는 교회들이 많다. 그마저도 3일 이상 잘 하지 않는다. 이전에는 부흥회를 하면 보통 일주일이다. 그것도 아침, 점심, 저녁으로 했다. 말씀이 압도적으로 부어진다. 그러면 변화가 일어난다. 믿음의 역사가 일어난다.

일주일 말씀 듣는다고 상황이 달라지겠는가? 부흥회 마치고 돌아가도 문제는 그대로다. 달라지는 것은 아무것도 없다. 딱 하나 달라진다. 마음속에 말씀이 채워졌다. 말씀이 넘친다. 그러니 세상을 이긴다. 상황을 이긴다. 아무것도 없어도 감사하고 찬양할 수 있는 힘이 생긴다. 상황을 이기는 능력이 부어진 것이다.

그래서 하박국도 이렇게 고백한다.

> 주 여호와는 나의 힘이시라 나의 발을 사슴과 같게 하사 나를 나의 높은 곳으로 다니게 하시리로다(합 3:19).

말씀이 넘치니 하나님이 주시는 힘이 생겼다.

### 예배에 실패하지 마라

우리 교회 부사역자에게 꼭 당부하는 말이 있다.

"예배에 실패하지 마라."

주일 오전 예배가 1, 2부로 드려진다. 그중에 한 번은 사역자 마음이 아니라 성도의 마음, 예배자의 마음이 되라고 주문한다. 많은 사역자들이 쉽게 지치는 이유가 말씀이 고갈되어서 그렇다. 사역을 하다 보면 예배 시스템에 신경을 쓴다. 음향과 예배 진행을 돌아보다 보면 정작 내 신앙을 돌아 볼 기회를 놓친다. 인생에 성공하려면 예배에 성공해야 한다. 기쁨이 넘치려면 말씀이 넘쳐야 한다.

작은 일에도 늘 넘어지는 사람들의 공통점은 말씀을 공급받는 통로가 다 막혀 있다는 것이다. 툭하면 상처받았다고 하는 사람들, 한마디 말에도 넘어지는 사람들은 공급받는 통로가 다 차단된 사람이다. 이런 사람들은 현실이 어려우면 견디지 못한다. 하나님이 주일 오전에 은혜를 주신다고 해도, 그때까지 버틸 믿음의 체력이 없다. 토요일 저녁에 넘어진다. 은혜 받는 통로가 다 막혀있어서 그렇다.

사해는 다른 바다보다 5배나 더 짠 바다다. 그러니 어떤 물고기도 살지 못한다. 물을 만지면 소금기가 만져진다. 그런데 이 사해가 최근에는 매년 1m씩 수면이 낮아지고 있다. 1년에 1m면 엄청난 것이다. 이대로 두면 40년 안에 사해가 사라지게 된다. 그 이유는 더 이상 물이 공급되지 않기 때문이다.

원래 사해는 갈릴리 호수에서 흘러내리는 물이 요단강을 지나서 사해로 들어갔다. 그런데 이스라엘이 인구증가와 농업의 확산으로 인해 물이 많이 필요하게 되었다. 필요한 물을 감당하기 위해 갈릴리호수에 댐과 운하를 건설했다. 옆 나라 요르단 역시 요단강의 주요 지류에 댐을 건설했다. 그 결과 1960년만 해도 13억 톤의 물이 사해로 유입되던 것이 2000년 들어 2억 9천만 톤으로 줄었다. 공급되는 물의 70%가 사라졌다. 공급되지 못하면 버티지 못한다.

다윗이 그렇게 힘들어도 결국 왕이 될 때까지 버틸 수 있었던 힘은 예배였다. 늘 하나님께 기도하고 찬양하고, 공급받는 삶을 살아가니, 소망의 삶을 살아간다. 다윗이 힘들 때 쓴 시편을 보면 특징이 있다. 앞부분은 전부 '힘들다. 무섭다. 두렵다. 자신 없다' 그러면서 끝에는 꼭 '하나님 감사합니다. 찬양합니다' 그렇게 끝난다.

억지로 감사한 것이 아니다. 늘 하나님께 공급받으니 이겨낼 힘이 있고, 견딜 체력이 된다. 그러니 배고프게 잠들어도, 내일을 기대하며 감사하는 삶을 살아간다.

교회 일이 힘들고 직장생활이 지쳐도 결국 버티는 힘은 은혜로부터 나온다. 말씀의 공급이 있으면 다시 일어서고, 눈물 닦고 땀을 흘린다. 다시 일상을 살아간다.

그래서 나는 어떻게든 설교 준비에 최선을 다하려고 한다. 이제 우리 교회 성도들은 담임목사의 심방을 기대하지 않는다. 병원에 입원하거나, 특별한 일이 아니면 심방을 가지 않기 때문이다. 그 시간에 오로지 말씀을 준비한다. 정이 없는 목사라는 말은 들어도 말씀 없는 목사라는 말을 들어서는 안되기 때문이다. 다른 것은 못해도, 예배가 은혜의 통로가 되도록, 하나님의 힘을 공급받아, 다시 일어설 수 있도록 말씀 준비에 가장 많은 시간을 쓴다.

말씀이 힘이다

하나님은 항상 어둠의 때에 선지자를 많이 세워주셨다. 아합과 이세벨이 통치하던 시절에 하나님은 엘리사를 보내주셨다. 자기 아들을 이방 신에게 재물로 태워 바친 아하스가 왕으로 있을 때 이사야 선지자를 보내주셨다. 북 이스라엘이 멸망할 때 호세아 선지자를, 남 유다가 멸망할 때 예레미야 선지자를 보내주셨다. 가장 힘들 때 말씀이 힘이 되기 때문이다. 말씀이 답이 되기 때문이다. 말씀이 넘쳐야 상황을 이겨내기 때문이다.

그래서 성도는 문제가 많을수록 기도가 많은 사람이다. 예배의 자리가 많아지는 사람이다. 하나님의 말씀을 듣기 위해 엎드리고 말씀을 듣기 위해 예배한다. 어려운 일이 넘치면 그때가 예배 시간이 넘쳐야 할 때다. 문제가 한 가지, 두 가지 겹쳐서 오면 주일 오전에 들은 말씀으로만 이겨내기 힘들다. 그래서 금요일 저녁에 말씀을 듣고, 수요일 저녁에 말씀을 듣고, 새벽에도 말씀을 듣는다.

요즘 우리 교회 성도들 중에는 주일 말씀을 유튜브로 두 번, 세 번 이상 듣는 분들도 있다. 말씀이 좋아서라기보다 삶이 힘들어서다. 힘든 삶을 이기는 비결이 말씀이라는 것을 알아서 그렇다.

지금까지는 문제가 다가왔을 때 그 문제를 해결하러 다녔다면, 이제는 먼저 말씀을 듣는 자리로 가자. 말씀을 내 속에 채우자. 냉장고는 먹을 것이 없이 비어도 내 속에 말씀이 비지 않도록 하자. 말씀이 채워져야 일어설 힘이 생긴다. 말씀이 넘쳐야 기쁨이 넘친다.

### 말씀이 넘쳐야 기쁨이 넘친다

가을이 되면 누가 말리지 않아도 들녘은 황금빛으로 변한다. 벼가 익어 간다. 벼가 익는 것을 '여물어 간다'고 말한다. 곡식 알 하나하나가 단단하게 채워지는 것을 말한다. 벼는 잘 여물어야 쌀이 된다. 여물지 않은 벼는 쭉정이가 된다.

성도는 말씀이 채워져야 신앙이 여물기 시작한다. 삶이 황금빛으로 변하는 방법은 가슴 안주머니에 황금을 채우는 것이 아니다. 마음 안을 말씀으로 가득 채우는 것이다. 말씀이 채워져야 신앙이 여물고 삶이 여문다. 쭉정이가 아니라 알곡이 된다.

우리의 현실이 쉬웠던 적은 없다. 그래서 하나님 앞에 나와서 울기도 하고 따지기도 한다. 그러나 언제까지 눈물만 흘릴 수는 없다. 성도에게는 하나님이 주시는 힘이 있다. 말씀이다. 말씀이 넘쳐야 일어날 수 있다. 말씀이 삶에 가득 차서 신앙이 여물어야 한다.

그제야 하박국 3장 17, 18절 말씀도 춤추며 고백할 수 있다.

비록 무화과나무가 무성하지 못하며 포도나무에 열매가 없으며 감람나무에 소출이 없으며 밭에 먹을 것이 없으며 우리에 양이 없으며 외양간에 소가 없을지라도 나는 여호와로 말미암아 즐거워하며 나의 구원의 하나님으로 말미암아 기뻐하리로다(합 3:17-18).

"언제까지 눈물만 흘릴 수는 없다.
성도에게는 하나님이 주시는 힘이 있다."

**김도인 지음 | 312면**

"말은 글에서부터 시작됩니다. 설교도 마찬가지입니다. 김도인 목사의 이 귀한 책이 나온 것은 하나님께서 한국 교회와 목회자들에게 주신 큰 선물입니다. 이 책이 한국 교회 설교자들에게 새로운 변화를 가져올 것을 확신합니다. 설교를 준비하는 신학생과 설교로 고민하는 설교자 그리고 설교의 향상을 꾀하는 분들에게 필독을 권합니다."

- 이재영 목사
대구 아름다운교회 담임
『말씀이 새로운 시작을 만듭니다』 저자

**김도인 지음 | 300면**

『설교를 통해 배운다』는 좋은 설교를 분석해서 레시피를 찾아낸 책이다. 옥한흠, 이찬수, 유기성 목사는 하나님께서 귀하게 쓰신 삶을 변화시키는 설교의 대가들이다. 이들의 설교가 어떻게 구성되어 있는지, 그 구성 요소를 하나하나 분석해서, 설교라는 완성된 요리에 들어간 재료와 양념을 모두 찾았다. 그리고 요리 순서까지. 레시피를 완전히 분해한 책이다. 설교자들이여!! 이 책을 통해 고수의 비법을 배우라!!

- 박명수 목사
사랑의교회 담임
『하나님 대답을 듣고 싶어요』 저자